未名传记图书馆·名家评传丛书

卡夫卡

[美]桑德尔·L.吉尔曼 著

陈永国 译

北京市版权局著作权合同登记　图字：01-2008-4819号
图书在版编目(CIP)数据

卡夫卡/(美)桑德尔·L.吉尔曼著；陈永国译.—北京：北京大学出版社，2010.4
(未名传记图书馆·名家评传丛书)
ISBN 978-7-301-17033-5

I.卡…　II.①吉…②陈…　III.卡夫卡，F.(1883～1924)－评传
IV.K835.215.6

中国版本图书馆CIP数据核字(2010)第040285号

Franz Kafka by Sander L. Gilman was first published by Reaktion Books, London, 2005 in the Critical Lives series.
Copyright © Sander L. Gilman 2005

Simplified Chinese edition copyright © 2010 by Peking University Press.
本书中文简体字翻译版由REAKTION出版公司授权北京大学出版社独家出版发行。

书　　名：	卡夫卡
著作责任者：	[美]桑德尔·L.吉尔曼　著　陈永国　译
责任编辑：	于海冰
标准书号：	ISBN 978-7-301-17033-5/K·0683
出版发行：	北京大学出版社
地　　址：	北京市海淀区成府路205号　100871
网　　址：	http://www.pup.cn　电子信箱：pw@pup.pku.edu.cn
电　　话：	邮购部 62752015　发行部 62750672　编辑部 62750112 出版部 62754962
印　刷　者：	北京宏伟双华印刷有限公司
经　销　者：	新华书店
	787毫米×1092毫米　32开本　5.125印张　140千字
	2010年4月第1版　2010年4月第1次印刷
定　　价：	15.00元

未经许可，不得以任何方式复制或抄袭本书之部分或全部内容。
版权所有，侵权必究。举报电话：010-62752024　电子信箱：fd@pup.pku.edu.cn

目 录

导言 *1*

1 家与受诅咒的身体 *8*

2 写作 *49*

3 病魔缠身 *96*

4 死后余生 *125*

注释 *148*

参考书目与影片集锦 *152*

弗兰茨·卡夫卡

导　言

在许多方面，弗兰茨·卡夫卡都堪称世纪交错时期中欧典型的犹太男性。也就是说，他的超人之处在于他能把那种令人不悦的异化感跃然纸上。在《西方正典》(*The Western Canon*, 1994)中，哈罗德·布鲁姆非常正确地评论道："尽管他一味地否定和卓绝地逃避，卡夫卡仍然是犹太作家。"而如此说法远远不够全面。他有能力以一种无论从哪个角度都可以接近的形式来表达自己复杂的犹太身份，这使他成了最完整地捕捉各种形式的异化感的作家，而这种异化感就是萦绕整个20世纪的鬼魂。据说，今天的任何一种文学语言都明白形容词"卡夫卡式"或副词"卡夫卡式地"是什么意思。"卡夫卡式"这个词有些怪异，随处都可以看到，显得过分真实，然而又似乎真实得不够。比较庸俗的是，《牛津英语词典》将其定义为"与奥地利作家弗兰茨·卡夫卡(1883—1924)或其作品相关的；相似于卡夫卡描写的事物状态或心理状态的。"至少在英语中，该词已经使用50多年了。20世纪30年代初，卡夫卡的名字首次出现在英语中。到1947年，当时拥有最多读者的美国知识分子杂志《纽约客》的编辑威廉·肖恩（William Shawn），就已经写过"有人警告过他那些走进死胡同的卡夫卡式梦魇"这样的字句了。1954年，另一位哈布斯堡犹太人亚瑟·考斯勒（Arthur Koestler）在描写共产主义……（别的还有什么呢？）时写道，"在莫斯科大清洗很久之前就向这个令人难以置信的世界暴露了那种怪异的、卡夫卡式的类型。"阿兰·帕顿（Alan Paton）在《啊，可你的国家很美》中是以这样的词句描写种族隔离的南非的："当她把他们带进来的时候，他即刻明白了她为什么忧心忡忡。她怎么能够看出他们是掌握大权的人呢？他从来没有读过卡夫卡，但是，假如他读过了，他就会认出他们来的。他们身穿黑色套装，跟他打招呼或和他握手时不带笑容。"大卫·洛奇（David Lodge）也依据卡夫卡的方式理解他的世界，不过带有一点滑稽色彩：在《好工作》（*Nice Work*，1988）中，他笔下的主人公"费力地走下发尔摩火车站的斜坡，感觉好像卡夫卡一样走进了一个深不见底的舞台，那些看起来三维的物体其实都是画着画的平面，只要你一接触它们就都消失了"。1999年7月，离2001年9月9日还很遥远的时候，奥萨马·本·拉登的一个助手在伦敦被捕，他的律师提到了"美国对权力的卡夫卡式滥用"。全世界都把"卡夫卡"用作"商标"，用来标识现代世界的恐惧和复杂性。

20世纪20年代，表现主义者们发现了卡夫卡；30年代遭到纳粹以及大约同一时期的"马克思主义者"们的迫害，第二次世界大战之后的法国存在主义者再造了他。他们在他身上看到了忧虑之父和父亲的忧虑:他所处时代之前的一个阿尔伯特·加缪(Albert Camus)。但此后,他便多次受到再造、反思和重读。到20世纪90年代,美国诗人肯沃德·埃尔姆斯里(Kenward Elmslie)在回顾他自己走过的卡夫卡之路时这样嘲讽这个卡夫卡式的世界:

  疯狂的顽童给卡夫卡的世界
  阅读疯狂的卡特,这个卡夫卡式的世界
  从未见过"行动"以女人样的行为
  洗劫我的舞蹈

这与卡夫卡式的世界何其相似乃尔!

  于是,弗兰茨·卡夫卡的卡夫卡式作品就成了"现代"文学中拥有读者最多、争议最多的作品。但卡夫卡其人也似乎恰好是卡夫卡式的。诸多的传记试图捕捉词语背后的人。从朋友马克斯·布罗德(Max Brod)写的第一部,到最近由哈特穆特·宾得尔、罗特劳·哈克穆勒、罗纳德·哈耶曼、弗雷德里克·罗伯特·卡尔、彼得·阿尔登·麦罗克塞、恩斯特·帕维尔、马特·罗伯特、克劳斯·瓦根巴赫、雷纳·斯塔克和尼古拉·穆雷撰写的传记。每一部都试图以他或她的系统呈现一个卡夫卡式的卡夫卡。这些阐释和传记的最惊人之处就在于每一个批评家都是正确的,每一位传记家都是正确的!卡夫卡成了表现主义者,犹太复国主义者,神秘主义者,前共产党的捷克人,后共产党的捷克人，存在主义者，后现代主义者，后殖民主义者，以及（下个月还不知道的什么）……卡夫卡的作品和生活似乎可以给予无限的阅读和有限的利用。人们可以在布拉格买到"大甲虫"牌的杏仁蛋白奶糖（Ungeheuer Ungeziefer），这个事实表明对卡夫卡的无限阅读不仅仅局限于知识分子。甚至布拉格的制糖工人都读过卡夫卡的《变形记》，讲述一个人突然变成甲虫的故事，并懂得如何用这个故事做市场营销。到了21世纪，卡夫卡已经成为捷克旅游业的标识。他此时的面貌完全不同于1968年"布拉格之春"所呈现的卡夫卡，那时，他是作为摆脱苏维埃统治的文化符号而出现的。卡夫卡主导着一切！！！！他充斥于布拉格内外的大众化通俗文化之中，从电影到插图小说到旅游指南。就仿佛是卡夫卡计划了这一切。这几乎就是卡夫卡式的世界。

现在清楚的是，卡夫卡的确非常认真地计划了这一切。也正是他的计划使这部传记成为必需。卡夫卡是个偏执狂，一天，他突然坐下来写出了《判决》，那就像莫扎特谱曲一样从他体内流淌出来的。书中全部的冷淡和距离，全部的专注和恐惧，一股脑儿地流淌出来。这就是天才的卡夫卡，他由于能够回应父母、姐姐，而最明显的是，能够回应布拉格和布拉格所代表的世界而成为他自己。这就是作家卡夫卡，他用行云流水般的书信弥补了他在性生活方面的不足，年轻的女人们首先被他所征服，随后就倍感失望，就仿佛布拉格咖啡馆里的蛋糕，看上去香脆可口，吃起来却犹如面糊。卡夫卡为心理学提供了案例和证据,如果我们在西方真的需要这种案例和证据的话,那他就代表了创造一个天才所需要的材料,不幸、沮丧和缺陷——正是这些创造了贝多芬。

就卡夫卡而言,却存在着一个问题。卡夫卡懂得所有这些伎俩。他懂得他的弗洛伊德;他明白俄狄浦斯是文化现象;他读过弗洛伊德心理学,而且,至少按照他所说的,并没有怎么理会这种心理学。正如透过他的精神导师 C. G. 荣格的透镜试图理解赫尔曼·黑斯(Herman Hesse)的原型一样,理解卡夫卡这个案例也是非常复杂的。每当卡夫卡坐下来写作的时候,他都是计划周密,预先想好了的;流诸笔端的东西大多是想好了的和编辑好了的。他消除了任何把自己看作历史人物的念头。他在小说和(我认为包括)写给朋友和情人(不管"情人"这个词在他的词汇中意味着什么)的信中,尽一切努力避免流露出他本人对世界的看法。这种看法部分见于手稿,但真正的编辑工作早在付诸笔端之前就完成了。

1912 年去魏玛的一次旅行中,当看到歌德的手稿时他大吃一惊,歌德似乎从来没有删过什么,从来没有重写过什么。那些诗仿佛从他体内流出,就仿佛莫扎特在自己的头脑里听到了全部音乐一样。卡夫卡是贝多芬,他删减,重写,最后甚至听不到他写的是什么了。卡夫卡抛弃的大量小说,我们今天用来界定他的那些主要文本——司炉、判决和城堡的世界——都是未听到的、未读过的、未完成的迟来的交响曲。

卡夫卡的文本，包括这些片段，对每一个读者、每一个批评流派和每一个时代而言都具有无限的可读性和阐释性。这与聋人贝多芬的作品毫无二致。在这些作品中似乎没有"客观对应物"，没有它们可能指涉的"真实"世界——而只有描写一个世界的一组词汇，这个世界完全超出了他那冷酷无情的掌控。他不是博尔赫斯（博尔赫斯也不是他）：卡夫卡的世界上没有堂吉诃德。但确实有一个堂吉诃德，而且，同样重要的是，还有博尔赫斯世界上的卡夫卡，1970年发表的《迷宫》中，有一篇文章提到《伊利亚特》时说："运动的物体、箭和阿喀琉斯是文学中最早出现的卡夫卡式人物。"卡夫卡之后，所有文学都变成卡夫卡式的了。这意味着文学具有无限的可读性和固有的不可阐释性，而这恰恰因为它具有如此强烈的可阐释性。卡夫卡作品中描写的外部世界上没有这种锚地。他自觉地清除了这一切，而我们则需要用严肃的历史著作来取代它们。这些锚地构筑或损毁了他的文本，远远超出了我们的想象。

20世纪30年代开始的读物使卡夫卡注入作品的那些阐释世界变成具体的了，这些读物把卡夫卡变成了犹太神秘人物、马克思主义先知、存在主义教士，变成了优秀的基督徒和最糟糕的犹太人。（有时这很难衡量，正如约翰·厄普代克所说："卡夫卡，不管他的'生计'和异化不难使人看出他的种族出身，他都避开了犹太人的偏狭，他那些描写痛苦意识的寓言表现了整个欧洲的——主要是基督教的——疾病。"）电影、诗歌、短篇故事和小说"记得"卡夫卡，玩耍着他想让它们玩耍的游戏。卡夫卡是个充满激情的读者，而对电影的激情则更加饱满。人们对他的接受已经成为这个游戏的组成部分了。

家与受诅咒的身体

那是1917年的一个寒冷潮湿的清晨。路人在布拉格市中央看到了一个奇怪的场面。一个年轻人，衣服脱到腰间，站在他公寓的敞开的窗口，做了足足十分钟的健美体操。那个地方当时叫舍伯恩广场。每天晚上7点30分，人们都在那里锻炼身体，重复着同一个动作。以大力士尤金·桑多（Eugene Sandow, 1867—1925）为代表的体育锻炼之风在公务员弗兰茨·卡夫卡身上得到了体现。锻炼、划船、游泳、骑马，强壮你的身体，改变你自己。即使严冬盛寒也要少穿，这是健美者詹斯·彼得·穆勒的祷文，他公开拒绝使用桑多的（印度）俱乐部和哑铃（全部通过广告售给了热切的年轻人）。另一方面，穆勒销售特制的草鞋和关于性卫生的书籍。但二者都相信身体改造不仅是可能的，而且对于成为现代人是必不可少的。

卡夫卡，这位于20世纪第一个10年中生活在多元文化的布拉格的年轻犹太公民，躲避所有这些设施，但进行强制性的锻炼。他每顿饭都细嚼慢咽。"自然将惩罚那些不咀嚼的人。"赫拉斯·弗莱彻尔（Horace Fletcher，1849—1919）说。把食品咀嚼 32 遍，你就会有个更健康的身体和更幸福的灵魂。由于不想看着儿子咀嚼的样子，弗兰茨的父亲干脆用报纸把脸藏起来。弗兰茨·卡夫卡在布拉格市中心的一座败落的城堡里锻炼，强制性地咀嚼着他的食品，一心想要控制自己的身体。进行这种强制性咀嚼的并非卡夫卡一人。哲学家和心理学家威廉·詹姆斯，此时已经是哈佛的教授了，也在长期地咀嚼。

卡夫卡身高不到六英尺（1.82 米），体重 133 磅（61 公斤），所以母亲总是敦促他"吃，吃，我的儿子"。当时捷克人的平均身高是 5.5 到 5.6 英尺，而中欧犹太人的平均身高还要更矮些——5 英尺。由于极度瘦弱，过分担心自己的健康，卡夫卡并不完全是出于自恋而顾惜自己的身体。桑多，即出生在普鲁士的弗雷德里希·穆勒，有一个当时所有年轻人都向往的身材：1902 年他 35 岁，身高 5.9 英尺（1.75 米），体重 202 磅（91.6 公斤），胸廓 48 英寸（121 厘米）。1907 年弗兰茨·卡夫卡到保险公司（Assicurazioni Generali Insurance Company）求职而做体检时，威廉·坡洛克医生详细地描述了他的身材：

> 他身体瘦弱纤细。相对弱一点。但步伐稳健轻松。脖颈圆 37 厘米。没有甲状腺的迹象。他的声音清纯响亮。看起来比实际年龄年轻。胸部的形状和结构——乳房已经突出出来，

锁骨呈鼓槌状，两端凹进。胸部肌肉松软。深吸气时，乳头部胸围是 82 厘米，呼出时 78 厘米。胸部两侧均匀但虚弱。休息时每分钟呼吸 16 次，锻炼时每分钟 19 次。由于早年患佝偻病，肺部右上叶跳动迟钝。听诊无异常；无杂音。[1]

正如他那了不起的生活一样，这种身体检查的平庸要求在卡夫卡的日记中形变为文学的比喻。在 1914 年 7 月的一则日记中，"保兹，进步保险公司总裁"对这位不具名的求职者说：

你个头够高……我看到了；但你能干什么呢？我们的职员可不能仅仅粘邮票啊。……你的头型很特别。前额凹进去了。很典型。……当然了，我们只雇用健康之人。你被录用之前要进行身体检查。现在准备好了吗？真的？当然，那是可能的。大声点儿。你声音那么小让我神经质。……既然你已经来了，就让医生检查一下吧，我的职员可以带你去。可那不意味着你将被录用，即使医生的意见有利于你。……去吧，别再耽误我的时间了。[2]

外部形象标志着求职者的精神健康或疾病，而卡夫卡总是自觉地把自己看做是这种习惯的牺牲品。而非常清楚的是，这个小小寓言的世界不仅仅记录了卡夫卡的经验，而且以某种方式将其变成了关于这种经验的写作，给了卡夫卡能控制看起来不可控制的东西的能力。

先天"有病"需要改造，这在卡夫卡的世界里意味着做犹太人。1912年,卡夫卡最喜欢读的布拉格犹太复国主义报纸《自我防御》(Selbstwehr)载文说:犹太人必须"舒缓在知识名望上的高度紧张,……我们过度的神经质,这是犹太聚居区留下的遗产。……我们用太多的时间争论,而没有足够的时间娱乐和锻炼。……人之所以成为人并不在于他的嘴,而在于他的精神,不在于他的道德,而在于纪律。……我们所需要的是男子气概"。当然,男子气概是健康的。犹太男性的身体在当时被认为是病态的、畸形的、临危的、缺乏男子气概的。实际上,桑多锻炼身体的传统中20世纪20年代由波兰犹太强人紫舍·布雷巴特(Zishe Breitbart,1893—1925)继承下来,这位强人当时被誉为"世界上最健壮的人"。他咬断铁链"仿佛那就是松软的椒盐卷饼,把7.5毫米粗的铁棍拉弯就仿佛那是稻草一般",一位柏林记者当时这样写道。布雷巴特出现在中欧的犹太人和非犹太人面前,经常光顾柏林、维也纳和布拉格,他的广告强调了他的犹太身份,包括像大卫之星(the Star of David)这样的犹太偶像。当他出现在犹太复国主义的旗帜的一侧时,犹太人都称他为"强者萨姆逊"。他甚至在犹太观众面前扮演了巴尔·克赫巴(Bar Kochba)的角色,即在公元132年到135年间领导犹太人反叛罗马的领袖。卡夫卡长期以来一直想把这位英雄的身体变成自己的,经过改造的犹太英雄。

年轻的卡夫卡把"身体的"畸形变成了知识上的名片。他的"病态"身体成了他畸形心态的同义语:

> 当然，我前进路上的最大障碍是我的身体状况。这样的身体能做成什么样的事业呢？……我的身体长期虚弱，没有一点脂肪来生成恩赐的温暖，来保留内在之火，除了日常所需而不至于损害整个身体之外，我没有脂肪来滋补时时需要滋补的精神。近来常常令我不安的软弱的心灵怎样才能通过双腿的力量击打血液呢？对于膝盖来说那可能太繁重了，它只能从那里把一点点衰老的力量打入冰冷的下肢。但现在我的身体又缺乏营养了，当下肢荒废的时候也受到别人的照顾。我修长的身体把一切都分裂开来了。当它甚至没有足够的力量来完成我想要完成的工作，即便那是较短和较严谨的工作时，它还能成就什么大业呢？[3]

对卡夫卡来说，他的身体，包括他"软弱的心灵"和"精神的无能"，是两个家族结合的结果：卡夫卡家族和洛维家族。在写于1919年但没有寄出的辱骂性的"致父亲"这封虚构和自传参半的信中，他这样描述自己：

> 带有某些卡夫卡成分的洛维家人，但在生活、经营和征服方面并没有被卡夫卡家族的意志所驱动，而是在洛维家族的驱使下朝着更加秘密、更加冷漠的方向发展，而这往往全然不起作用。另一方面，你在力量、身体、胃口、声音的亮度、语言的流利程度、精神、关于人性的认识，以及大规模做事的方法等方面，却是一个真正的卡夫卡。[4]

属于母系的洛维家族恰恰是他的疯狂之根。根据弗兰茨1919年写的这封从未寄出的信,卡夫卡的父亲,也认为妻子的家族有疯狂的血脉,在明显属于遗传的全部病症中,疯狂是最主要的表现。卡夫卡与外祖父同名(至少是他的希伯莱名字阿姆施尔[Amschel])。外祖父亚当·阿姆施尔·波里阿斯(1794—1862)是一位成功的布商,"一位非常虔诚和有学问的人",他"每天都在河里洗澡,哪怕在冬天也如此"。在回想这位虔诚的即便说是疯狂的祖辈时,卡夫卡也想起了他自己的名字的问题:他的希伯莱名字是阿姆施尔,即父之子的意思,这是他永远不会忘记的。这在母系犹太传统中就是回归母亲的母亲,她"由于斑疹伤寒而过早夭折"。她在29岁时的逝世深深地影响了她自己的母亲(弗兰茨·卡夫卡的曾外祖母),致使她"忧郁成疾",于1860年自杀。母亲的曾祖父是个神奇的拉比,他的四个儿子"都英年早逝",除了与他同名的阿姆施尔,人称"疯子内森舅舅",和一个女儿,这就是母亲的母亲。一个兄弟改了信仰而成为医生。卡夫卡没有提到母亲,这位"被哭泣附身而忧郁寡欢"的人三岁时就成了孤儿,与两个兄长和三个同父异母的兄弟一起长大,这些兄弟中有卡夫卡的舅舅阿尔弗雷德,西班牙铁路总监和鲁道夫,一家酿酒厂的记账员,他们都皈依了天主教。家族纽带和宗教身份在卡夫卡的世界中是密切相关的。

弗兰茨·卡夫卡于1883年7月3日生于布拉格,当时仍属于奥匈帝国的一部分。他的家位于麦斯尔加斯与卡普芬加斯拐角处的"塔楼之家",紧邻犹太聚居区。8天以后,他行了割礼,于是也成为上帝与亚伯拉罕订立的契约的一部分。但这是一个不同的时代,一个不同的地点,因此,神圣契约的观念对卡夫卡家族来说也具有了完全不同的意义。卡夫卡家不停地迁移——从卡夫卡出生到1907年间至少迁移了7次。每一次迁移都意味着社会和经济地位的改善,但所有这些迁移都没有离开布拉格旧城的斯塔雷·穆斯托的范围。晚至1920年,当仍然和父母一起住在奥帕尔托斯楼公寓房的时候,卡夫卡对他当时的希伯莱语教师弗雷德里希·提伯格,指着窗口悲惨地说"在这个小圈子里,我的整个生活受到了限制"。从那个窗口,他们能够看到旧城广场,他的高中、大学和他的办公室。布拉格是个复杂的城市,就如同卡夫卡本人一样。如卡夫卡所说,那是一座具有尖牙利爪的城市。弗兰茨·卡夫卡是个土生子,但也是个陌生人,因为他是那个古老契约中的一员。

卡夫卡的祖辈曾是波希米亚乡村的犹太人。他们主要讲意第绪语,也就是中欧犹太人的语言;父亲讲捷克语,但当搬到布拉格时,他选择了讲德语的社区,便培养儿子讲德语。语言哲学家和布拉格犹太人弗里茨·茅斯那(Fritz Mauthner)在1918年的备忘录中写道:

> 我所要考虑的不仅是德语,还有捷克语和希伯莱语,因为那是我"祖先"的语言。……我得随身托着三种语言的尸体……

作为犹太人,生活中一个双语国家里,我既没有自己的本土语言,又没有自己的宗教,是一个无宗教的犹太家庭的儿子……[5]

随时间所改变的不仅是他们的语言,还有与上帝的那份契约对他们的意味,1921 年 6 月,卡夫卡在给马克斯·布罗德的信中说:

> 所有这些与犹太性之间有一种关系,确切说是在年轻的犹太人与其犹太性、与这几代人恐惧的内在困境之间有一种关系。精神分析学强调父亲情结,许多人发现这个概念在知识上颇有成效。我说的是另一个情况,不是围绕无辜的父亲,而是围绕父亲的犹太性的问题。大体上说,开始用德语写作的年轻的犹太人都想要逃避其犹太性,通常都征得了父亲的同意(也正是其模糊性使这种事情变得猖獗起来)。他们想要逃避,但后腿仍然深陷父亲的犹太性,而前腿却找不到坚实的基础。由此而产生的绝望便成了他们的灵感。

当然,在布拉格有两个完全对立的讲德语的世界:雷纳·玛利亚·里尔克(1875—1926)的世界,本质上是基督教和反犹太人的世界;以及卡夫卡家族代表的世界,不管其信仰是什么,都被看做是犹太人的世界。

捷克人,还有天主教徒、新教教徒或胡斯的信徒,大都看不起犹太人,不管他们讲什么语言——哪怕他们都有一个捷克名字，如"卡夫卡"（"黑鸟"的意思）。我们需要看到，在18世纪末，犹太人被迫放弃传统的命名习惯，这是犹太人从奥匈帝国制下获得公民解放的组成部分。按照传统的命名习惯，每个孩子都必须用父亲的名字表示父系家族的起源，像所有其他人那样固定家族的姓。这使征税事宜相对简单多了，尽管有谣传说可以买到"漂亮的"或至少适当的家姓，如格尔德堡（Goldberg，金山）或谢登斯蒂克（Seidensticvker，丝绸刺绣者）。而如果不拿出一小笔贿赂，你就会得到一个非常不适当的甚至冒犯性的家姓。据说1897年反犹太人暴乱期间，卡夫卡父亲的店铺被抢劫一空，因为店铺的窗子上用彩釉写着他的"捷克"名字，说明以前的几代人都非常富有。卡夫卡获得的遗产既是生理的，也是文化的——而且同样是充满冲突的。

弗兰茨的父亲赫尔曼（1852—1931）是个"自学成才的人"，一个进口商，专门针对新兴的中产阶级开了一家"精品"店。他自己的父亲雅各布（1814—1889）是波希米亚乡下人，曾经在奥塞克的一个小捷克村庄里开了一间肉铺。10岁时，赫尔曼每天早上都推着一辆小车，无论春夏秋冬，把肉食送到当地犹太人的家。冬天，他的双腿满是冻疮，这样的生活，根据弗兰茨充满敌意的叙述，至少按照他自己的估计，也就是从乡村移居城市的欧洲新兴的中产阶级"由破衣滥衫到富有"的那种生活。20岁时，他参了军，这固定了他的"德国人"身份，尽管他的捷克名字提醒他处于两种文化的"边缘"。19世纪70年代他来到布拉格，开了一个小店，出售男子服装和妇女用品。弗兰茨笔下的卡夫卡一家野蛮、粗暴、没有教养。实际上，他于1909年成为素食者并缺乏音乐才能，这都要归咎于他的家人：

> 没有音乐才能并没有明显像你说的那样不幸——首先对我不是：这是我从长辈那里继承来的（我的祖父是斯特拉考尼茨附近一个村子里的肉店老板，我也不必因为他卖多少肉我就吃多少肉），而且，这使我有所依靠；建立关系对我很重要。[6]

文化和素食主义是卡夫卡家的年轻一代必须要从过去回忆的东西。其实，当弗兰茨在家吃饭的时候，他说父亲总是用报纸挡着脸，而不愿意看着儿子咀嚼他的"健康"食品。卡夫卡的母亲朱莉·洛维（1856—1934）出身正统的犹太教家庭，卡夫卡认为"优好"于卡夫卡家族（但也更疯狂）。她父亲是东波希米亚恒波莱克的一位布商。

然而，卡夫卡归咎于洛维和卡夫卡两个家族的所有这些属性在他的妹妹身上都看不到：加布里埃尔，"艾丽"（1889？—1942），瓦勒里，"瓦利"（1890？—1942）和奥特丽，"奥特拉"（1892？—1943）。卡夫卡的弟弟格奥尔格（1885—1886）和亨利希（1887—1888）都死于襁褓之中，这在一个重男轻女的社会里使弗兰茨显得更加宝贵。而在犹太人中男孩的价值则要加倍，因为只有男孩才能为死者祈祷。艾丽出生时卡夫卡已经6岁了。作为唯一的男孩，他看到自己好像是个准独生子（"我是悲惨但却完美的典范"[7]），感到了父亲经常的疏远和母亲与自己的距离。后来出生的妹妹们都由于"较少受到照顾"而比他占有实质性的优势。由于他是用他非常熟悉的弗洛伊德术语来描述的，我们不知道他的父亲是否真正苛刻，母亲是否完全服从于父亲。我们所知道的一切就是当卡夫卡成年后开始写作时，他在精神分析学中找到了适当的、最新的语言，并用这种语言来描写父母的形象。我想起了早在弗洛伊德和卡夫卡之前就写出来的话："父亲吃了酸葡萄，儿子的牙酸倒了"（《以西结书》18：2）。

对卡夫卡来说，精神分析学与他的犹太身份密切相关，且不说是好是坏。在题名为"婚姻杂记"的未发表的文章中，他写道："与精神分析学打交道并不是件令人高兴的事，我离它远远的，但它就在我们这一代人中。犹太教总是用必要的'拉什评论'给人们带来悲伤和欢乐，精神分析学也如此。"拉什（什罗默·易查基拉比，1040—1105）是中世纪著名的犹太教的圣经评论员，而在当代关于犹太事物方面弗洛伊德可与其相提并论——至少从卡夫卡的角度看是如此。

卡夫卡在家里是新兴资产阶级家庭里娇惯的孩子。他在布拉格国立学校上学——开始时在弗雷施马克（1889—1893）的国立语法学校，主要是德国犹太人的学校。赫尔曼之所以选择了讲德语的而不是讲捷克语的学校，是因为他希望家人能够使用具有政治权威的语言。布拉格犹太人口中有百分之九十做了同样的选择。当时卡夫卡家的公寓就在克雷那区的米奴塔楼，步行便可到达学校。然而,每天他都由家里的厨师和总管陪着去学校,这位总管是一位捷克女人,他感到她一直在折磨他。卡夫卡描写了他每日上学的情景,以及认为是仆人在掌管他的生活的复杂感觉,与西格蒙德·弗洛伊德叙述的小时候女仆带他到维也纳教堂时的情景不相上下。有很多这类讲述无权但却"优越"的基督徒仆人如何对待犹太儿童的故事,其真实性只能靠我们去揣摩了。赫尔曼·卡夫卡称这些捷克雇员为"拿工资的敌人"。然而,成年人(卡夫卡和弗洛伊德)却感到他们在仆人的奴役之下,就仿佛他们在父亲的权威之下。尽管上学的路上使他产生恐惧感,但这两个人就像上课铃一样准时。小卡夫卡是个"谦虚、安静、优秀的学生",尽管每天天刚亮隔壁的语法学校里"德国"(犹太)儿童与捷克儿童之间就展开了激烈的战斗。安静就意味着不受伤害。卡夫卡后来的朋友,小说家奥斯卡·鲍姆(Oaskar Baum)就是在这样的操场冲突中被弄瞎了眼睛的。

10岁时,弗兰茨·卡夫卡进入著名的国家高中(Altsädter Staatsgymnasium),从1893年到1901年一直都在那里学习。这是一所要求严格的德语公立高中,专门招收优等生。这里如在小学一样,他的大部分同学都是犹太中产阶级的孩子。在波希米亚,犹太人获得了解放,但在社会上仍然是被孤立和自觉孤立的:反犹太运动的压力在仅仅有三代人的犹太聚居区仍然反应强烈。赫尔曼选择了这所以"古典"学问为重点的学校,而不是强调科学和现代语言等新思想的学校,主要是考虑到它能给儿子的社会优势:拉丁语和希腊语仍然是社会进阶的基础,正如中国古典诗歌是走上仕途之路的钥匙一样。只有在这样的环境里,没有经济头脑的人才证明没有任何学习"贸易"的必要。

在高中时,他与雨果·伯格曼(Hugo Bergmann,后来拼写改成 Bergman)邂逅,成了终生朋友。伯格曼在 1897 年"巴塞尔"运动后成为坚定的犹太复国主义者,那是维也纳记者西奥多·赫泽尔(Theodor Herzl)发起的建立犹太国的运动。而卡夫卡则成了一名社会主义者。"我们都经历了反对墨守成规的感人时刻",几十年后伯格曼回忆说。确实,1899 年,犹太复国主义者首次在布拉格聚会,受到犹太社会主义者和捷克民族主义者的干扰,后者认为犹太复国主义运动是与他们的普遍或特殊目标相对立的。犹太人的作用,包括创建奥匈社会民主的维克多·阿德勒(Victor Adler)、奥托·鲍厄(Otto Bauer)和尤里乌斯·唐德勒(Julius Tandler),在许多人眼里是社会允许的逃避犹太身份污名的工具。不管他们的修辞用得多么普遍,他们还是被谴责为"红色犹太人"。一些年轻犹太人的情况也是如此,如马内·斯珀波(Manés Sperber),也把社会主义看作犹太人身份的延伸,在很高兴地加入社会主义阵营的同时,成为犹太复国主义组织的成员。

雨果·伯格曼是卡夫卡与犹太人世界之间的最坚实的纽带。伯格曼于 1901 年加入犹太复国主义学生会(Bar Kochba,也就是大力士紫舍·布雷巴特后来描述的那个角色)。在 1902 年给卡夫卡的一封信中，在解释他为什么加入犹太复国主义运动时，他谈到弗兰茨可以到太阳上面去，把他的梦想洒遍天空。然而，伯格曼感到他从来没有什么梦想，他的犹太复国主义从本质上说是利己主义。伯格曼的犹太复国主义是"精神的"或"文化的"犹太复国主义，强调犹太人民的智力方面，包括学习希伯莱语（和意第绪语）。学生的任务是"实现犹太教教义"，重新捕捉他们感到由犹太人在西欧的归化所打断的犹太性的连续。而与伯格曼不同的是，卡夫卡总是感到他处在失败的边缘，不管他做得多么优秀：至少那是他对高中时代的回忆。1919年写信给父亲时，他感到他越是成功，"其结果就必然越糟"。他越来越把精力集中在阅读和写作实验上，一听到当时的流行作品的书名随口就能说出作者的名字。他对社会主义的信仰也同样是理论上的，尽管也参与了当时的一些真实冲突。到1918年，他还想象一个新的社会主义福利国家，一个"穷苦工人的兄弟会"，在这个国家里（如在震颤教社区一样），有工作的单身汉将终身不娶，用他们的收入帮助穷人。

卡夫卡与宗教保持着距离，正如他感到与犹太人也有距离一样。1900年，布拉格人口中只有百分之七是犹太人，大约是25000犹太人，但卡夫卡的世界里却几乎都是犹太人。13岁时，也就是1896年6月18日，他协助主持了犹太教的礼拜仪式，从此也结束了他与犹太教教育的关系。当回忆起这次活动时，他说他必须记住两个讲话，一个是在教堂礼拜时讲的，另一个是在家里讲的。他还收到了许多礼物。弗兰茨说这是一种滑稽可笑的习俗，与学校里的考试差不多。实际上，父亲以自己的名义印了请帖，请客人来参加儿子的"坚信礼"。这次事件发生在具有初期巴洛克风格的、讲德语的齐格诺犹太教堂，这是大约在1613年由所罗门·萨尔基·齐格诺在犹太聚居区里建立的，弗兰茨的父亲在离开亨利希街道捷克语犹太教堂后加入了这个教堂。这幢建筑曾经几次被火烧毁，也是经过多次重建的。而从根本上改造、使用唱诗班的礼拜还是在1883年才开始的。用卡夫卡带有偏见的眼光来看，犹太人似乎想要在外表和行动上"都和别人一样"。

他父母已经抛弃了正统的仪式饮食习惯。弗兰茨最终只好在其他仪式上寻找食物，比如素食仪式和咀嚼仪式。实际上，在一个以啤酒著称的文化里（Pilsen和Budweiser等在今天仍然是很流行的品牌），卡夫卡拒绝饮酒也是回应针对东欧犹太人的一次又一次攻击，即甚至在普林节这样的节日上东欧犹太人也把醉酒当作仪式的组成部分。与普通犹太人所持的"只有非犹太人才是酒鬼"的看法相反，东欧犹太人作为酒鬼的形象已经由来已久了。当在数个小时的礼拜中困倦打盹的时候，所有这些具有犹太性的东西都令他厌烦，他想象犹太法典的那些卷宗就像"无头破旧的玩具娃娃"。1906年，这座教堂出于市政改善而被拆毁，这对卡夫卡当时的犹太身份感来说几乎就是一个隐喻。现代性取代了宗教：1893年，市政厅决定"清除"旧城的犹太聚居区,因为它已不能反映一座拥有电车(1891年开始)和电话(1895年开始)的城市了。

卡夫卡的希伯莱语太有限,所以在"坚信礼"的那天,他无法读完祝福和他那部分祝词。作为犹太人,他对仪式的认同太有限,即便不是根本没有的话。1914年1月8日,他在日记中写道:"我与犹太人有何共同之处呢?我几乎和我自己没有任何共同之处,应该安静地站在角落里,庆幸我还能呼吸。"[8] 卡夫卡的父亲是在正统犹太教的村子里长大的,总是要求弗兰茨虔诚,而他自己却很少去教堂。对赫尔曼来说,宗教始终是具体的现实问题。如果社会认为他是一个有道德的人,那么,他就可以合理地认为自己是虔诚的,没有理由为那些让人出头露面的仪式烦心。没有仪式用的头盖或蓬乱的鬓角和胡须;根本不用理会仪式上消费的动物肉,也不用理会餐桌上肉与牛奶的区分;也不在乎在安息日工作。他只在赎罪日和新年、有婚礼和葬礼时才去教堂。对他来说这已经足够了,他年轻时每时每刻都沉浸在犹太文化之中。

弗兰茨并未生活在宗教与生活密不可分的一个世界上。他持有不同的观点。宗教是与现实相分离的,如果天堂的法规可以在尘世应用的话,那必须痛苦地严格遵守这些法规,如同要保持一个等式的平衡一样。卡夫卡自然地把父亲对犹太教礼拜仪式的矛盾态度看做是严重的虚伪,而且,从早年起他就自认为是宗教怀疑论者。他与朋友们就上帝作为神圣的时间创造者的机械性展开争论，很快就迷上了巴鲁希·斯宾诺莎、弗雷德里希·尼采（刚刚开始对他的崇拜），和现代使徒查尔斯·达尔文以及达尔文的德国追随者恩斯特·海克尔（Ernst Haeckel）。但他也出于年轻人的目的读这些人的著作。他给第一个可能的女朋友塞尔玛·科恩读尼采，1900 年，科恩家与卡夫卡家在布拉格郊外伏尔塔瓦河畔的罗兹托基小镇共享一幢避暑别墅。17 岁的卡夫卡用他的智力来打动这位年轻姑娘，给他读尼采的著作。在引诱的过程中，思想具有一种实用功能；这是他在早年就学到了的知识，而且从来没有忘记过。

由于孜孜不倦地读这些书，卡夫卡在少年时就拒绝资本主义和宗教——自称是社会主义者和无神论者。而更重要的是，尽管他对捷克的政治和文化志向怀有强烈的同感，但对德国文化的认同甚至压倒了这些同感。19 世纪布拉格发生的伟大"文化战争"，不断以街头暴力表现的文化战争，都是在操捷克语和德语的人之间展开的。到卡夫卡上大学的时候，布拉格已经有了一座捷克语剧院、德语剧院、大学，实际上一切应有尽有。语言决定身份——或许卡夫卡是这样希望的。你可以改变你的语言（他父亲就是活生生的例子），但你无法改变你的民族或种族。与维也纳的犹太人不同，布拉格的犹太人很少有改宗的或内部通婚的，但他们的确改变了语言。卡夫卡把德语作为他的第一语言，但他的捷克语也非常好，足以读写复杂的文章。他生活在一个世俗的世界里，但这个世界上的"犹太问题"（始终是大写的)总是出现在报纸的头版头条,每天都有的那种"血液诽谤",说的是犹太人谋杀基督徒,用他们的血做祭祀。

"犹太问题"是捷克争取独立斗争中的一个政治问题。捷克人为争取某种形式的文化自治(甚至泛斯拉夫独立)而斗争,他们要摆脱一个"联合的专制",这里,德语和匈牙利语是官方语言,但还有操十几种其他语言的民族。反犹太复国主义运动是这场斗争的一部分,斗争的各方都把它当作武器,无论是奥匈帝国(卡尔·卢格反复当选维也纳市长就是以反犹太复国主义运动为平台的,尽管帝国的皇帝讨厌他),还是不同民族的分裂团体(包括捷克人)。然而,捷克自治的代言人托马斯·马萨瑞克(1850—1937),后来成为独立后的捷克斯洛伐克的第一任总统,却站在犹太人一边,在为列奥珀尔德·希尔斯纳辩护的时候使犹太人进入捷克的政治领域。希尔斯纳是个修鞋徒工,1899年被控出于祭祀的原因谋杀了19岁的信奉基督的女裁缝阿格尼斯·何汝亚。马萨瑞克在第一次判决后提出重审,但1900年希尔斯纳再次被判有罪,与阿尔弗雷德·德雷福斯一样被判18年徒刑。这种"犹太问题"决定你要上什么学校——记得卡夫卡上的高中就是几乎都是犹太人——以及你是否被大学录取,因为事实上犹太人的名额是有限的。到1891年,布拉格犹太人面临的危险已经由所谓"12月风暴"的过分暴力行为充分显示出来,暴徒们开始时攻击"德国"机构,最后也攻击犹太人。即便他们试图隐身埋名,但仍然是最显眼的少数族裔。

换言之，对卡夫卡及其同代人而言，19世纪末的犹太人是一个意识形态的、甚至是一个种族范畴——不必是一个宗教范畴。实际上，卡夫卡作为世俗犹太人是与犹太复国主义运动一起成熟起来的，这场运动是对中欧和西欧普遍存在的反犹太复国主义的一次世俗的政治回应——要求为无国家的犹太人建立一个新的具有犹太性但却世俗的民族。弗兰茨·卡夫卡开始时拒绝宗教和社会改良者对传统犹太教作出的让步，而在晚年则把犹太复国主义的文化本质看做是文化更新和改造的力量。

卡夫卡这个年轻的犹太人在社会上的成熟也有其私人的原因。他的中学同学雨果·黑希特曾谈到，在学校的时候，卡夫卡"一直是很清纯的"，不和朋友们分享构成少年男孩的遐想和梦想的那些肮脏的小秘密。当弗兰茨提出这样的问题时，父亲总是建议他通过行动学习：去找妓女。卡夫卡认为这种建议是"最肮脏的"。因此，他的高中同学都确定卡夫卡没有掌握足够的关于这些"生活事实"的知识，便开始教育他。其中的一个同学就是黑希特，后来成为梅毒专家，另一个是不具名的朋友，根据卡夫卡1921年秋给妹妹艾丽的信，这位朋友后来被性生活毁了："多年前梅毒就把他弄得不成人样了。"对卡夫卡以及对当时所有的中产阶级男性来说，性是"被着色了的"。这是对梅毒持有道德恐慌的年代。性与疾病、与恐惧息息相关。不管卡夫卡对自己的身体有何感觉，他都懂得那是不稳定的，是冒险，有致命的危险。性还给他的世界带来另一种危险，性令他毛骨悚然恰恰因为它威胁到他的身体。

卡夫卡于1901年11月就读布拉格讲德语的弗迪南—卡尔斯大学,到第八个学期时,他已经开始了中欧世俗化的犹太人的典型经历。从祖父辈的乡村或犹太聚居区到父辈的小业主或店主,再到专门职业:弗洛伊德、爱因斯坦、卡夫卡等数以千计的犹太人都走上了这条上升的运动轨道。大学是犹太人到达社会升迁的最后阶段的动力。犹太人进入大学的不同学科(学院)的斗争仍在继续。仅在19世纪60年代,犹太学生才被维也纳医学专业录取,条件是他们必须同意只能对犹太病人行医。1882年,布拉格大学分成德语和捷克语两部分,那正是卡夫卡出生的前一年。无论是德语还是捷克语,任何一个学科录取犹太人的名额都是有明显限制的。

起初,卡夫卡想当一个化学家,但很快就厌烦了实验室工作的性质。(这使人想起普利末·列维[1919—1987]对化学的迷恋,1942年在都灵获得博士学位。当他被送到奥斯威辛时,化学家这个职业救了他的命:"我写作是因为我是个化学家。我的职业给我提供了素材,这是事物环绕的内核……化学是与物质进行斗争,是理性的杰作,生存的寓言……化学教会我们与理性相结合的警觉。")卡夫卡的朋友和等待成为化学家的同学雨果·伯格曼说卡夫卡放弃学化学,是"因为我们的双手太笨,拿不住那些玻璃瓶"。使年轻的弗兰茨背叛自己意志的似乎总是他的身体。两星期后,他转学法律,认为那是能使他维持生计的一种职业。伯格曼在戈尔德斯密教授的实验室里又呆了一年,这是一个改宗的犹太人(布拉格的犹太人就是以改宗来获得教授职的)。

到下一个学期,卡夫卡选了德国文学课,在布拉格这是奥古斯特·索尔教授的课程,强调德国"部落"文化的种族决定论,而这将把它自己和所有犹太人都排除在外。卡夫卡加入了德国学生的阅读和讲座,一个主要由犹太学生组成的讨论团体,从事文学的知识团体。这个组织吸引了大多数犹太人,实际上远远超过了犹太复国主义的团体巴尔·考什巴协会。1904年,卡夫卡成为这个组织的文艺部部长。他在高中时就开始了写作,即便仅仅是出于好奇。在1911年1月19日的一则日记中,他提到他写出的几百页文字,包括描写两兄弟的一部小说,一个进了监狱,另一个去了传说中的美国。那不是令他向往的历史上的美国,而是德国神话中的美国,就仿佛比他年长一点的同代人卡尔·梅伊(Karl May, 1842—1912)在小说中描写的神话般的美国,如三卷本的《温尼托》(*Winnetou*, 1893—1910),可与卡夫卡后来关于美国的作品相比肩,直至今天仍然是德国人眼中的美国形象。他舅舅读了小说的一页,说"很平常",卡夫卡便把它全部毁掉了。想要成为作家的幼稚向往("我主要是出于虚荣心,翻动桌布上的纸张,用笔敲打着书桌,在灯下四处张望,想要用我写的东西吸引别人,让他们看着我,羡慕我。")现在让位于一种不想写"平常的"东西的感觉。现在写作已不仅仅是一种娱乐——它表明他能够属于一个文化的世界，正是这个文化世界由于他是犹太人而要把他排除在外。但是，来自家庭和生活的压力使他认识到他还必须在经济上站稳脚跟。

卡夫卡把全部时间都用在了学习法律上，他说选择法律是因为这不会干扰他的创作生活。但是，卡夫卡在大学的法律学习也发生了转向，因为他要死记硬背那些法律条文，要把最新的生物学知识作为法律的基础，研究"法律"是怎样建构意义世界的。他的老师中有犯罪学家汉斯·格罗斯，他教种族类型学，认为这是真正或潜在犯罪的最佳标识。他尤其感兴趣于犹太人的身体，认为那揭示了犹太人区别于其他种族的真正差异。卡夫卡在他门下学习了三个学期。他还师从霍拉兹·克拉斯诺波尔斯基，或许是法学院最保守的人物。

弗兰茨的堂兄布鲁诺·卡夫卡（1881—1931）是克拉斯诺波尔斯基的"助教"，始终爬的是学术的阶梯，最后当上了这所大学的校长。卡夫卡加入阅读和讲座的时候，布鲁诺是那里的重要成员，甚至在卡夫卡负责的文艺部宣读了一篇论文。当然，学习文学是欧洲教育的核心观念，为资产阶级提供了一个文化保护层，对于第一次进入中产阶级的犹太人尤其如此。这使他们听起来"和其他人没什么两样"。但是，文学不是一个"严肃的"职业，仅仅是文化资本的累积。和他的老师一样，布鲁诺是个顽固的德国民族主义者，在法学院学习的时候还参加过与捷克学生的一些暴力冲突。卡夫卡不仅看不起他的政治，还蔑视他对文学的态度及其职业选择——法律。

学习法律奇怪地与卡夫卡对身体的"神秘探险"密切相关。20岁时,卡夫卡大学毕业后准备国家考试,他发现自己在布拉格散步的时候还在"背诵那些令人作呕的罗马法"。他通过橱窗看到了一个"售货女郎",根据1920年给米莱娜·杰森斯卡的信,他还与这位女郎约会了一次。这次没有他想象的那么糟糕:"我实际上很高兴,但这是为我那经常抱怨的身体终于平静起来而高兴,最重要的是,整个幽会并不像开始想象的那样肮脏和令人作呕。"他对这位不具名的女人的最终反映是厌恶,"她成了我的仇敌",或许是因为她向他表明了他对自己身体的焦虑是能够结束的。他集中抨击一个错误的姿势,说粗话解释他为什么把她看成是敌人(如他父亲对待捷克雇员一样)。事实上,卡夫卡始终没有摆脱自己生殖器被割包皮的事实,并根据性差异来看待性的。他说性"包含一种永恒的犹太性,受到性的毫无意义的吸引,在一个毫无意义的肮脏世界里毫无意义地徘徊"[9]。但是,若没有这些联想,他就不是卡夫卡了。

在大学时,卡夫卡与另一个比他小一岁的学生邂逅,那是1902年10月在阅读和讲座厅里认识的,这位学生为德语学生宣读了一篇论尼采的文章。马克斯·布罗德(1884—1968)当时已经是小有名气的作家了,并拥有自己的文学圈子。他在文章中把尼采说成是骗子,这引起了卡夫卡的注意,因为他已经懂得了尼采在自己的生活中既作为启蒙又作为引诱女孩子的工具的价值。布罗德出身于布拉格的上等社会,和犹太诗人弗兰茨·沃费尔一样,曾与里尔克一起就读于坐落在黑里格·克鲁兹广场的天主教学校(Catholic Piarist School)。两人最后结为终生朋友。这里的讽刺意味在于,高个儿、时髦、永远年轻的卡夫卡,身穿蓝色的别致西装,要比布罗德英俊得多;布罗德则鸡胸驼背,一颗大脑袋与身体不成比例。而卡夫卡却把他看做是健康的缩影,与他自己"涂釉自疑"恰好相对。[10] 甚至在生命行将结束的时候,他还写信给布罗德羡慕他如何与自己的畸形达成了一致:卡夫卡甚至不能与自己早期的健康达成一致。[11]

1906年6月,卡夫卡获得法学博士,这是他维持生计的保证,而不侵犯他的真正爱好,即他和朋友们共同参与的文化世界。然而,卡夫卡从未离开过工作的世界,直到病重而不能完成工作为止。工作,一份职业,为他提供了他所需的结构(和家庭一样),即便仅仅是为了反叛。当然,他从未像奥托那样激进地背叛家庭。奥托是老师汉斯·格罗斯的儿子,其被激进的、精神分析学激励的行为,如为病人提供自杀工具等,迫使父亲把他送进了精神病院。卡夫卡的叛逆恰到好处,而且是在写作中。卡夫卡懂得并欣赏无政府主义者和精神分析学家奥托·格罗斯的著作,1917年7月两人相见,1920年奥托就自杀了。卡夫卡在1903年的"流放"是自找的。那是他第一次去德累斯顿的疗养院进行"休息治疗",在那里"你喝的是空气而不是啤酒,你在空气中沐浴而不是在水中"。如在给奥斯卡·波洛克的信中所说,他离开时强壮了许多,能够和女人说话了。

卡夫卡有一个活跃专一的朋友圈子,他们自视为主导德国文化的下一代人。除了伯格曼、波洛克、尤其是布罗德外,这个圈子还波及布拉格讲德语的文学界,他们大多数都是犹太人:其中有盲人小说家奥斯卡·鲍姆,约翰斯·伍兹迪尔,罗伯特和费利克斯·威尔士,这些人都写过他们共同的朋友卡夫卡;有梅毒病患者和半疯的保罗·勒潘和汉斯·艾贡·吉士,后者是讲德语的现代黑幕新闻揭发者的发明者,以及他弟弟保罗。加入这个行列的还有德国犹太作家卡尔·爱因斯坦,其论非洲雕塑的专著(*Negerplastic*, 1915)开创了现代主义对"原始"素材的迷恋,以及古斯塔夫·梅林克,写出最著名的描写布拉格犹太人的小说(*Der Golem*, 1915)的非犹太作家。梅林克是马克斯·布罗德最喜欢的作家;卡夫卡发现他"太牵强附会,太厚颜无耻。卡夫卡厌恶专门为某种知识或综合效果而构思的东西"。换句话说,他不喜欢布拉格作家的作品。与查尔斯大学德语系的观点不同,这些年轻的犹太人——他们几乎都是犹太人——自视为德国文化的最佳希望,不仅是布拉格而且是整个中欧的希望。在1902年与1904年间,卡夫卡开始写作《一次战斗纪实》,主要是以超现实主义的手法讲述一个非常瘦的人与一个非常胖的人之间的冲突。故事所用的语言完全不同于梅林克小说中那种华丽流行的语言。冷峻,疏远,描写性而不具启发性,不仅没有当时布拉格作家的那些过度,而且不具有整个世纪末的那种矫饰。卡夫卡不无讽刺意味地转向了表面上看似透明的语言，而实际上却隐藏着太多难以揭示的东西。

孩提时，即1888—1889年，卡夫卡家住在西科斯特楼。这栋楼的上街是独角兽药店，楼的前脸饰有骑着独角兽的一个孩子的雕塑。卡夫卡常常在布罗德和沃费尔的陪同下，来这里参加布拉格唯一一家讲德语的文学沙龙，这是由艺术赞助人博塔·方塔主持的，她是布拉格大学录取的第一批女大学生之一，楼下的药店是她丈夫开的。1911年，阿尔伯特·爱因斯坦作为年轻的物理学教授而在布拉格流放时，也经常光顾这家沙龙。在沙龙里，人们热烈地讨论遭禁神父弗兰茨·布伦塔诺（1838—1917）的作品，他在维也纳学习的时候曾经是西格蒙德·弗洛伊德的同学。布伦塔诺以他的意图说为哲学和心理学提供了经验的和科学的基础，提出了一种理论，把人的精神和感知过程中的基本行为与意识联系起来。然而，布伦塔诺对19世纪末和20世纪初思想和哲学的贡献还在于他的反权威姿态。他成了卡夫卡沙龙里许多人选择的哲学家。最后他由于奔放不羁的狂妄而放弃了方塔的沙龙。卡夫卡也转到布拉格阿考咖啡馆（与所谓的阿考常客在一起）。这里，除了知识交流外，他们还常常光顾附近的妓院。此时的卡夫卡已经不再羞怯冷漠了，而常常找年轻女人约会，比如"在一个星期天给我带来奇迹的一个23岁的女孩"[12]。他也和朋友们去当地的酒吧，比如特罗卡戴罗和艾尔多拉多酒吧，包括马克斯·布罗德，他们不是去喝酒，而是去侦查是否有可供使唤的女人。尽管关于性的全部焦虑、父亲让他去妓院的建议现在都随着他的粗鲁而消失了,但他还是这样写道:"我路过妓院就仿佛路过情人的家。"[13]在妓院里,他至少不用担心被拒绝,即便还是有害怕不勃起的内心恐惧。

大学生活是紧张的,而卡夫卡实际上在精疲力竭时也做了当时每一个人都做的事。他去疗养院进行修养治疗。1905年,他在希勒西亚的祖克疗养院接受路德维希·施温伯格的治疗。在那里,他遇到了不具名的"情人"。她是"一个女人,而我是一个男孩……浑身是病"。卡夫卡在这些疗养院里花时间勾引女人。1905年秋天他写信给布罗德说,他来这里是"为了与人和女人打成一片"。在他的整个一生中,疾病和欲望都是自觉地联在一起的,但此时,他仍然在与疾病游戏,用自疑作为勾引女人的方法。那年秋天,卡夫卡参加了法学院的书面考试,差点儿没有通过,他如此焦虑,甚至想以健康为理由申请推迟考试。1906年6月18日,他接受院长阿尔弗雷德·韦伯授予他的法学学位,这位院长是与他同样著名的社会学家马克斯·韦伯的兄弟。在五名就他的学术表现投票的教授中,勉强有三人投了赞成票。

1906年4月初到10月初,卡夫卡在(与他无亲无故的)理查德·洛维的法律事务所里实习。然后在布拉格法院作为实习生工作了一年。他接到了警察发给他的一份清白证明,说他此时"未婚,信仰犹太教,行为端正"。他以前对社会主义思想的兴趣并没有在他极其清白的中产阶级的记录中留下印记。他开始感到作为"使命"的法律将不是他的职业：1914年3月9日他在日记中写道，他绝不会让人以为他是"奥地利律师，严格地说，我当然不是"。1907年夏，他在特里布什（现在的特勒布欣）和一个19岁的学语言的学生一起游泳，晒太阳，她的名字叫黑德维希·特雷斯·威乐，她那"滚圆的小腿"在他梦中浮现。然后，她回到维也纳，卡夫卡回到布拉格，在以后的两年里，卡夫卡的信雪片般地飞向维也纳，试图让她来看他。卡夫卡的工作不是很忙——至少他认为不是很忙。他的第一份工作是与他关系很好的舅舅阿尔弗雷德·洛维给他的，这位舅舅住在马德里。

他工作的保险公司总部设在的里雅斯特湾，这份工作也不费脑力，无聊，消磨时间——自不必说薪水也是很低的。但办公室与卡夫卡在尼克拉斯特拉街的新公寓楼却相距很近，是在现已翻新的犹太聚居区旧址上修建的。他希望工作会给他带来一些激动人心的事——比如去外国旅游（至少可以去的里雅斯特湾）。但这种事情没有发生，而写作的欲望也受到了阻碍。每天晚上，他都要见马克斯·布罗德，他们一起沉浸在布拉格的夜色之中。这份工作耽搁了他一年的时间。

1908年5月，由于对工作失去了兴趣，他在布拉格商学院听了一门工人保险的课程，通过了考试，在波希米亚王国半国立的工人事故保险所找到了一个位置。这是由雇主投资但却是准国际管理的一家事务所。他是该所雇佣的第二个犹太人:"第二个、最后一个正在崩溃的犹太人。"和第一份工作一样,这个新工作也是通过朋友艾瓦尔德·费利克斯·普利布拉姆的父亲找到的。在刚刚开始工作不久,他就于 1908 年 7 月辞职不干了,理由是"神经质和心脏易兴奋症"。但这是谎言,几十年后在给父亲的未寄出的信中他讲了实情。他说父亲甚至在衰老和患严重心脏病的时候也像他的雇主一样令他恐惧:

> 你开始在各方面恐吓我……就像对你的雇员一样。我不明白,也许在大多数公司里都一样(比如我工作的保险公司,那个时候真的都差不多,我辞职时所作的解释尽管严格说来不是真的,但也不全是谎言:我无法忍受那些辱骂,实际上也不是针对我的,那是我在家里就感到极度痛苦的事)。[14]

当然,真实理由与疾病和父亲没有任何关系,而是他找到了一个更好的不那么紧张的工作。1908 年 7 月 30 日,他开始了新的工作,并发现这个位置很有赚头,因为工时短,所以有利于他要当作家的主要目标。

在波希米亚王国的工人事故保险所,卡夫卡成了一个完美的职员,穿着工人的补偿工装,被看做是预防事故的专家。由于他讲一口高雅的捷克语,所以与那些非德语的同事关系甚善,他们都很欣赏他那口"文质彬彬的捷克语,总是几乎没有停顿的高度集中的捷克语"。从 1887 年开始,工业事故必须给予赔偿。他被雇用的那一年，保险所所长换了，他负责接待新上任的所长罗伯特·马尔什那。1910年的年度报告有几个部分是卡夫卡撰写的，主要阐明在伤亡事故中保证建筑工人的收入和家属保险的必要性。在此后的几年里，他几乎是定期晋升：1908年，他是"代理公务员"，1910年转为正式职员，1913年担任副秘书，1920年担任秘书，1922年担任高级秘书。他的上司都认为他是"他们所接触的努力工作的雇员，具有非凡的天才，尽忠职守"，一份评价报告这样写道。他的薪水丰厚，与今天的高级公务员的薪水相差无几。

卡夫卡常常由于神经质和精疲力竭而请假休息。但他不是由于工作而精疲力竭的。在1911年1月的一则日记中他提到他由于"可怕的双重生活"而精疲力竭，"其唯一的出路可能是疯狂"。但这不是他的工作所致。他从尼可拉斯街道家庭公寓步行几个街区，8点来到单位，下午2点下班，午间还有相当长的休息时间。他可以通过工作而逃避家庭和写作，过着"安宁的生活"，但他逃避不了办公室，那里就像家里一样给他施加了莫大的压力。社会交往似乎是令他不高兴的主要原因，人们发现他在工作的同时还与布拉格的男性作家和女店员过着另一种快乐、执著的社会和知识生活。在办公室里，至少一开始的时候，他由于永远年轻的面孔而被当作"杂工"；在家里，他永远是要求苛刻的父亲的孩子。疾病，疯狂，自疑症，是他逃避平民生活的唯一出路——当然除了与他的仰慕者和朋友们在一起的时候。1919年后,他的办公室成为捷克斯洛伐克政府的组成部分:如他所说,他是讲德语的帝国职员中的两个犹太人之一,最后成为讲捷克语的办公室里的唯一一个德国人。他的双语才能始终是他的身份的组成部分,即便他的捷克语要比他的德语弱得多。

在工作中,卡夫卡在学生时期就通过"社会主义"兴趣表现出来的强烈的社会责任感充分地展示出来了。他的责任是检查和解释工业事故。他查看手和手指是如何卷到机器中的。他研究创伤,明白身体创伤与心理状态之间的关系。几十年之前,是保险界最先把火车事故中身体未受伤但不能活动的病人的"歇斯底里"作为病例来报告的。卡夫卡懂他的弗洛伊德,包括以这个"铁路脊椎"模式为基础的病例,即父亲的创伤性行为导致了弗洛伊德的女性病人的歇斯底里。卡夫卡的报告充满了由于时间—运动研究的兴起和最现代的技术翻新而导致的个人的斗争。

机器令他神往。1909年市政当局在意大利北部修建了布雷西亚机场,请重要的飞行员参加竞赛。这场比赛吸引了数千名观众(其中有基亚科莫·普契尼和加布里埃尔·邓南遮)和记者,包括弗兰茨·卡夫卡、马克斯·布罗德和鲁西·巴基尼。还有一些惊人的飞艇和来自世界各地的一级飞行员:美国的格兰·柯蒂斯,意大利的马里奥·卡尔德拉拉和空中之王路易·布莱里奥。卡夫卡在德语报纸《波希米亚》上发表了一篇文章"布雷西亚的飞机",文中对飞行员的勇敢和机器的潜在破坏力充满了畏惧和灵感。

仅就他所处时代的科学而言,卡夫卡明白现代机器能造成创伤性事故,这种事故反过来又会产生心理效果,甚至成为身体疾病的病因——如肺结核。卡夫卡写作的时候与美国的"黑幕揭发者"是同一时期,如厄普顿·辛克莱的《丛林》(1906)对芝加哥肉类加工厂的描写,曾给乔治·伯纳德·肖和伯托尔特·布莱希特以灵感;而卡夫卡的官方报告是针对相对少得多的读者的,即那些能够制定政策和改变工人的生活现实的人。在这方面卡夫卡也反映了"黑幕揭发者"的一些关怀。"黑幕揭发者"还是西奥多·罗斯福给这些作家命的名,他们就像《天路历程》中揭发黑幕的人,俯视肮脏的东西,无视天堂的王冠,揭露和试图纠正政府和商界的贪污腐败。除辛克莱外,最著名的黑幕揭发者还有林肯·斯蒂芬斯和颐达·塔贝尔,他们的主要作品是分别于1901年发表的《城市的羞耻》和《司汤达石油公司的历史》。他们说服了美国政府开始考虑工人的权利以及工作地点的安全问题。他们在布拉格的同道人就是卡夫卡的同代人,"愤怒的记者"汉斯·艾贡·吉士。卡夫卡作为专家写的工业事故报告集中在私人利益和有限的人群,关注事故对内心生活的破坏,始终不忘身体作为痛苦灵魂的躯壳的意义。在那里,不可能有任何魔幻的补偿。

卡夫卡对工厂里各种恐怖的感觉也有私人的一面。1911年,赫尔曼·卡夫卡成立了布拉格石棉制品赫尔曼有限公司,以图致富。"赫尔曼"指的是卡尔·赫尔曼,艾丽·卡夫卡的新婚丈夫,在弗兰茨的敦促下,他把艾丽的嫁妆投资给公司。弗兰茨还说服单身汉舅舅阿尔弗雷德投资,甚至把自己的一些储蓄也投入了这项事业。赫尔曼·卡夫卡"说服"弗兰茨担任公司的无薪法律专家,根据他自己的叙述,当父亲没有能力或不愿意经营时,卡夫卡则成为公司的非正式经理。他把整个事情看做是自己所犯的错误,一年后他写信给布罗德说,"尽管我一定是在梦中这样责怪自己的"[15]。他与工人的接触——与他在保险公司时听取工人的抱怨不同——把工厂"变成了炼狱。当他们让我答应下午来这里工作的时候我为什么要同意呢?实际上没有人拧我的胳膊,迫使我同意去那里工作的是父亲的责怪……和我自己的良心"。这是他在1911年12月28日的一则日记中写的。乖儿子、社会主义者、工人的支持者(至少支持他们的合法请求),弗兰茨突然间成了剥削者的代理人,即父亲和妹夫的代理人。这里不可能再有可以逃遁的疾病的世界:每次出了错儿,父亲都责怪他"坏心眼儿"。父母希望他在工厂里担任更重要的角色。1912年10月,卡夫卡向布罗德提出过这样一个问题:两个星期的工厂管理还是自杀,哪个是对写作的更大干扰?工厂不仅仅是对家庭的义务;那是对世界的真正的、具体的承诺,这个世界需要他的无拘无束的照料。这里与办公室不同,在那个"等级制"里弗兰茨不能把这份义务转嫁给别人。

在《判决》中,这种上当受骗的感觉落在了父亲的肩上。在现实中,那是压在儿子肩膀上的难以承担的重担。(顺便提及,出于实用的目的,卡夫卡选择了用两个星期的时间解决工厂里的问题;自杀将给他的写作造成更大的障碍。)工厂步履维艰地维持到战争的爆发,1917年9月工厂关门,弗兰茨最终从另一个蛛网中解脱出来,他曾在那里睁大眼睛徘徊着。

在这段拥有自己的职业而同时又深陷家族利益的羁绊的独立时期,卡夫卡还发现了他前所未知的犹太经验的一个方面。伦敦、法兰克福或维也纳的犹太人把布拉格看做是"东欧"犹太世界的组成部分,而布拉格改良过的信众却自视非常现代、非常西方。卡夫卡的朋友马克斯·布罗德自认为是位于东欧边缘的西方作家。1909年卡夫卡陪同他到底罗尔旅行,1910年秋去了巴黎,1911年再度拜访巴黎。第一次世界大战之前,巴黎也许是欧洲文化专家的理想城市。在1910年的旅行中,卡夫卡的收获是非常严重的疥疮,迫使他返回家乡。这种剧痛而且在当时还很危险的皮肤病使他专注于自己的身体。1910年10月20日,他在布拉格写信给仍然在巴黎未归的马克斯和奥托·布罗德:

> 一阵昏迷剥夺了我向医生喊叫的乐趣。我必须躺在他的沙发上,在那段时间里——非常奇怪——我感到我就像一个女孩,我用手指用力拉下我的裙子。医生说我的后背令人毛骨悚然;五块新的脓肿已经不再重要了,因为出现了一块皮

疹,那比所有的脓肿都严重,需要很长时间才能恢复,现在是、将来也将引起真正的疼痛。[16]

疾病使他的身体女性化了,使他更加依赖于别人的照顾。但旅行并非总是如此消极的。1910年12月去柏林的短暂旅行(观看了《哈姆雷特》和亚瑟·施尼茨勒的《阿那托尔》)期间,他在一家素食饭店发现了纯粹的乐趣,从此决定杜绝一切肉食。当游玩世界著名的柏林水族馆时,他的朋友路德维希·哈特听见他低声对鱼儿说:"现在我可以清楚地看着你了。"

卡夫卡经常离开布拉格。他一次又一次出差,和波希米亚各地的工厂主都有联系。1911年5月,他来到沃恩斯道夫的工厂视察,找到了保健专家莫里茨·施尼策,被诊断为"脊椎中毒",并建议做他现在正在做的事——不吃肉食,呼吸大量的新鲜空气,(最重要的是)依旧不吃对抗性药物。医生都在杀人,而在工作和私人生活中经常与医生打交道的卡夫卡也怀疑他们在杀人。他开始摆脱身体的困境了:"在布拉格和科尼格萨尔的游泳学校里我不再为自己的身体感到羞耻了。"[17]然而,医治仍在进行:这是一个始终在进行的过程,甚至使他能在公开场合着迷于自己的身体。

如果卡夫卡在1910年春天探讨的是西方,那么东方就在布拉格。伦伯格(现在的利沃夫)的一个意第绪语剧团5月来到萨沃伊咖啡馆,布罗德带卡夫卡去看演出。卡夫卡起初不喜欢他们的"黑话"(表示意第绪语的粗鲁的德语名称)以及演出的过分伤感。1911年9月，卡夫卡参加了在阿尔特诺犹太教堂举办的赎罪日仪式，据说其中世纪大厅上面的阁楼里住着有生命的泥人，犹太布拉格的弗兰肯斯坦式的怪物。他为三个东欧犹太人的虔诚感到震惊，他们的颔首祈祷与一个著名青楼老鸨一家人的装腔作势形成了鲜明的对比。下个月，当加利西亚的另一个剧团来到布拉格时，他突然迷上了在萨沃伊上演的意第绪戏剧的"权威性"，与救赎日改良仪式上的"教会"氛围形成了对比，使他着迷的是作为一种"犹太"语言的意第绪语和男女演员的美。他马上就痴迷于一个女主角马尼亚·施西科，并和伊沙克·洛维交了朋友，他是来布拉格演出的一个旅行剧团的意第绪演员。他尤其对扮演男性角色的弗洛拉·克鲁格感兴趣。他的兴趣显然是偏执的，因为所有这些戏剧都有点令人难堪——即便产生了情感效果。廉价的戏剧演出也可以产生舞台效果。对卡夫卡来说，这是对一直萦绕他的枯燥的犹太宗教仪式的回应，对父亲来说这种仪式仅仅是一种形式，而对他来说则毫无意义。

意第绪戏剧在欧洲已有悠久的历史。到1900年，它已是一种意在娱乐而非教育的流行戏剧。用意第绪语表演的话剧或音乐剧都是原创或对古典戏剧的改编，比如犹太人演出的《李尔王》就有一个女主角和幸福的结局。他们的"观念"与启蒙运动的教育和改良观念相对立：卡夫卡在他们的演出中所看到的是东欧犹太人经验的真实性，即他们自己也是逃亡者。卡夫卡

的典型回应是 1911 年 10 月 14 日他看到朋友"洛维,他扮演的主角我将在黄昏欣赏":

> 昨天晚上在萨沃伊。阿·戈尔德法登演出《苏拉米特》。本来是一出歌剧,但所唱的每一支歌都叫做轻歌剧,甚至这件小事在我看来也指向一种固执的、匆忙的、出于错误的原因而富于激情的艺术努力,在部分任意的方向上割断了欧洲艺术。

演出后,不但没有谢幕,洛维反而被萨沃伊领头的男招待扔了出来,因为演员之间发生了争执。所有这些戏剧都是用意第绪语表演的,是卡夫卡祖父母使用的语言。布景非常粗糙:婴儿车都停在化妆室里;如果天气恶劣,伞都放在后台上(而舞台又是最小的)。布拉格观众都来欣赏演员的"伦勃朗式的"外表,马克斯·布罗德就是这样说的,他似乎从未错过一次演出。演员自身对他们向观众表演的传统似乎不那么在意;一天夜里,洛维对布罗德大喊道:"东欧那些狂热的犹太佬能够打动你们这些现代的有教养的犹太人,但我们很高兴我们逃了出来,摆脱了那个世界。"在所有情况下,布拉格、柏林和维也纳比利沃夫好得多。布罗德和卡夫卡这些典型的第三代人都回到了与比较复杂的一种需要相结合的怀旧的过去。

在洛维的引导下,卡夫卡开始研究意第绪语和犹太民间故事,当然是德文版本的,如亨利希·格雷茨开创性的《犹太人的历史》(1853—1875),秉承启蒙运动的精神对宗教过度进行了批判,以及梅耶·帕尼斯用法文撰写的支持神秘主义的《意第绪文字史》。卡夫卡迷上了犹太神话、犹太历史和意第绪语,1912年2月甚至在犹太市政厅向犹太公众做了一次关于意第绪语的讲演。在讲演中,他谈到布拉格犹太人有一种恐惧,担心"意第绪语的混乱"就意味着对东欧犹太人的改造是不可能的,但他指出,每一个听众都明白他们都懂意第绪语。这是否也表明在美观的西装和匀称的外表之下他们也不过是东欧犹太人呢?不,卡夫卡说因为意第绪语是日耳曼语,也许是最新的日耳曼语,如果听众放弃那些禁忌,就能"本能地"理解一种新的真正的犹太文化。东欧犹太人,"纯粹的犹太人",(用卡夫卡的话说)"乏味的"马丁·布伯已经发现和改造了他们,其"文化的犹太复国主义"把东欧犹太人的哈希德故事重构为西欧犹太人可接受的一种形式。(卡夫卡于1913年1月18日听了布伯的"犹太教的神话"的讲座,没有留下什么印象。)此外,1913年9月,卡夫卡去维也纳参加工人事故预防的专业会议时,犹太复国主义议会碰巧也在维也纳召开。他发现犹太复国主义并没有回应破碎的犹太身份问题。

布伯的书成为最佳畅销书,因为这些书重点描述了当时在中欧"热门"的一个神秘传统——促使人们大肆接受尼采的一种非理性主义。如果19世纪犹太教改良的主要理由是因为这是一种理性的宗教,属于康德所理解的新教模式,那么,东欧犹太人就代表非理性——但对布伯和卡夫卡来说,这种非理性是可以接受的，因为它是以可识别的形式构筑的。在布伯看来，这是德国新浪漫主义的童话；对卡夫卡来说则是"这个东欧犹太演员自身的性格"。但是，正如布伯在他的非理性观念中去除了魔幻的因素，卡夫卡也压抑了他就东欧犹太人身体形象中固有的差异而产生的焦虑。卡夫卡就这些新朋友的卫生状况产生的焦虑是明显的，而且是典型的西欧犹太人的偏见。1911年10月卡夫卡带洛维去国家剧院时，洛维说他患有淋病。卡夫卡这样描述他的反应："我搬过他的头，我的头发碰到了他的头发，担心虱子会跑到我的头上来。"这种接触中明显存在着吸引与传染之间的张力，不管在"同辈人"中这种接触多么微不足道。卡夫卡警告听众对意第绪语的恐惧最终就是他们自己在西欧归化的外表之下隐藏的那种恐惧。在这里，那种恐惧就隐藏在卡夫卡所自疑的关于疾病的焦虑之中，而当疾病来临的时候那种焦虑就变成了绝望。

卡夫卡越是沉浸在对犹太文化的重新发现之中，父亲就越是谴责这种文化恶心、原始、未开化。他瞧不起卡夫卡的朋友洛维，把它比作害虫，所用的词叫"寄生虫"（Ungeziefer）恰恰是卡夫卡用来描写格里高尔·萨姆沙的那个词。他认为他比流浪的乞丐好不了多少。这是引起冲突的另一个原因，即便赫尔曼的宗教信仰充其量是机械的，而他对意第绪文化的了解也几乎等于零。卡夫卡对伊萨克·洛维等巡回演员所用的意第绪语的发现恰好是在意第绪语文学史的巅峰时期，是其最伟大的作家——索勒姆·阿雷晨（1859—1916），艾萨克·罗布·佩莱茨（1852—1915）和年轻的索勒姆·阿什（1880—1957）——正在写作和拥有大量布拉格读者的时期，即使是德语译本，但也被视为重要的世界文学作品。而卡夫卡看过的大约 20 部戏剧却不尽言。演员们并非不知道现代意第绪文化的潮流。洛维于 1911 年 10 月 20 日在布拉格的演出中就读了这些作品的许多段落：

> 洛维读了好多段索勒姆·阿雷晨的随笔，然后是佩莱茨的一个故事，莫里斯·罗森菲尔德的"轻盈的销售女郎"，比亚里克的一首诗（唯一一个从希伯莱语屈尊用意第绪写作的诗人，他为了普及这首诗而把它从希伯莱语翻译成意第绪语，诗中描写的是把首都从基什尼奥夫迁出来而推进犹太事业的故事）。

几年前，内森·比尔鲍姆，文化界重要的犹太复国主义者，在车诺维奇（现在的车尼伍茨）召开了第一次会议普及意第绪语，使其成为具有"真的"语法规则的一种真正语言。和犹太复国主义一样，意第绪语是培养犹太身份的一个新兴领域，通过文学而与处于边缘的更深刻的文化传统联系起来了。卡夫卡的创作道路就是从对东欧犹太人的"发现"开始的，当时，他对"任何形式的犹太复国主义"还仍然保持"巨大的无以言表的"冷淡。[18]他与这个世界的联系仍然是封闭的。到 1917 年 9 月，他编辑了洛维的文章"论犹太戏剧"，在马丁·布伯的《犹太人》杂志上发表。他把杂志寄给布罗德，让他再转寄给布伯，布罗德显然没有转寄。他此时是否感到卡夫卡在利用布罗德自己对东欧犹太人的强烈兴趣,如《女犹太人》(1911)这样的小说所表明的,还是要在布伯的杂志上发表自己的许多文章呢?卡夫卡的犹太身份和自己的作家感是相互关联的,作为作家,他既能超越犹太人,同时也是一个犹太人。

写作

据卡夫卡所说，1912年9月22日夜里，他坐在书桌前，最终写出了后来叫《判决》的故事。他是于晚上10点钟带着一身冷汗开始写作的，不停地写下去直到第二天早上6点。他以前曾经写过许多，但他把这个文本看做是他创作生涯的开端。他以前也发表过作品，包括摘自早期没有发表的"一次战斗纪实"、后来分别于1908年和1909年在先锋派诗人弗兰茨·布雷创刊的印制优雅、价格昂贵的双月文学杂志《许帕里翁》上发表的两组文摘。与布罗德合写的一部断片式小说的第一章由他们共同的朋友威力·哈斯编辑、以"理查德和萨缪尔"为题于1912年5月在 Herderblätter 上发表。实际上，先锋出版商恩斯特·罗沃尔特曾想以《观察》(Betrachtungen) 为题发表他的短篇故事集。他是个声名鹊起的多产的作家，然而，在通往大马士革的路上还要经过一个盲点时刻才能转变成他自己眼中的作家。

《判决》把卡夫卡自己眼中的写作提高到一个新的创作层

次，在第二天即9月23日的一则日记中，他写道：

> 我几乎难以把双腿从书桌下面抽出来，我坐了那么久双腿都僵硬了。那可怕的紧张和快乐，故事如何在我面前展开，仿佛我在水上行军一样。夜里曾有几次我卸下压在自己背上的重担。……心脏周围的隐隐作痛。夜半时分消失的疲倦。……写作时产生的种种情感，比如快乐，我想我为马克斯的杂志《阿卡迪亚》写出了很美的东西，当然还有关于弗洛伊德的思绪。

写作是一种身体行为，用一颗软弱的心灵投入到筋疲力尽的身体之内的行为。但是，卡夫卡也知道，如同写这篇文章时弗洛伊德不断萦绕他的心头一样，作品的影子其实是他与一位年轻女人的关系。而我们知道"软弱的心灵"是他逃避他不想居住的世界的手段——不管是工作的世界还是病体缠身的父亲的世界，这位父亲对儿子的要求既是公开的（他想让儿子帮助经营他的生意）又是私下的（他怀疑儿子是否有建立长久关系的能力）。

故事详细讲述格奥尔格·本德曼与父亲之间的斗争，斗争的焦点是告诉儿子"在俄国"的朋友与"富家姑娘弗里达·布兰登菲尔德"订婚的事。"斗争"的观念早已在卡夫卡未发表的作品中成熟起来，如"一次战斗纪实"（1904—1905）。那位朋友满嘴的胡须，但未能掩盖这样一个事实，"他的皮肤越来越黄，那是一种病症。"[1] 他已经"黄到可以被扔出去了。"[2]（皮肤上的黄色似乎表明是黄热病;但却是这位朋友衰弱的迹象。皮肤的颜色和胡须使人想到犹太人之间的差别,他们的皮肤不是白色的,而且患有一种特殊的皮肤病,犹太皮痒,及其传说中的颜色。)与有病的朋友和父亲不同,格奥尔格获得了生意上的成功。

《判决》接着详细叙述了父子之间的最后一次谈话。父亲似乎衰老虚弱,他不记得是否真的有一个"在圣彼得堡的朋友"了。格奥尔格慢慢地、耐心地提醒他那位朋友的最后一次来访,以及他讲的1905年俄国革命的故事,最后父亲尖叫道:"我当然认识你的朋友。他要是我儿子就合我心意了。"[3]这句话引发的惊奇与父亲的愤怒是相配的,他结婚只是因为"她这样撩起来她的裙子,这个讨厌的家伙"[4]。在对儿子的这番无能的怒火中,年迈的父亲披露他也一直写信给那位朋友,把一切都告诉他了。父亲在结束酷评时说:"一个无辜的孩子,是的,你的确是一个无辜的孩子,可是说到底你还是一个没有人性的恶魔!——所以我判你现在投河淹死。"格奥尔格突然从公寓里跑出来,从父亲那里跑出来,来到一座桥上,跳进了河里。卡夫卡这样描写格奥尔格最后的行为:"他悬空吊着,就像他年轻时的一位著名的体操运动员,父母曾经为此而感到骄傲。"格奥尔格被淹没在向他驶来的电车的噪音中的一句话是"亲爱的父母,我可是一直爱着你们的呀"。

关于工厂的家庭冲突;要摆脱失败的父亲的控制的欲望;

对父亲渐渐虚弱的身体的焦虑；自己对健康身体的热切渴望；新近发现的对婚姻的兴趣；所有这一切都交织成一个叙事，成了德国表现主义的最新的现代主义美学。卡夫卡知道自己在写什么，他也知道如何吸引他理想的读众的眼球。性、父亲和弗洛伊德都在其中，甚至体育也在其中。卡夫卡的故事迎合了读者的全部欲望。然而，《判决》的核心依然是任何真正改变的不可能性。即便格奥尔格·本德曼有个理想的世界，有好工作和好对象，他依旧还是他。他要改善的欲望只能以灾难告终。

这个故事于1913年问世，在马克斯·布罗德的《阿卡迪亚》上发表，最后由先锋出版商库特·沃尔夫出版。布罗德（和卡夫卡）把这本一年一期的杂志看做是"布拉格圈"的"家庭喉舌"。卡夫卡曾经与几家出版社认真磋商，想出版他的作品。首先是柏林的埃塞科尔·江科尔，然后是莱比锡的恩斯特·罗沃尔特，最后落脚于比罗沃尔特年轻的同事库特·沃尔夫。布罗德负责调节他们的关系，但卡夫卡显然知道他在找什么样的出版商。卡夫卡和往常一样小心翼翼，1912年6月到魏玛参观歌德博物馆后便来莱比锡找沃尔夫。在那里还开始了一段轻浮的关系（正如无论走到哪里都开始这种关系一样），而这次是与格莱特·吉尔施那，歌德博物馆馆长的仍然年少的女儿，他再次来看她时还带了一盒巧克力。他为她凄惨的举止和"肥大的衣服下面柔韧的身体"而震撼。但他此行的目的是找到出版商。卡夫卡对此就像对这个姑娘那样焦虑和轻浮。

在卡夫卡和沃尔夫都同意的条件下,沃尔夫将成为卡夫卡终生的德语出版商。1912年,在离开罗沃尔特出版社的时候,沃尔夫出版了装帧精致的《观察》。18篇故事中有些短到只有一句话,大部分都是关于改造的主题的。二者兼具的则是《希望成为印第安人》:

> 如果你是个印第安人,于瞬间警觉起来,骑在奔跑的马上,迎风驰骋,随着颠簸的大地剧烈地颠簸着前进,直到你脱掉了马镫,因为你根本不需要马镫,直到你扔掉了马缰,因为你根本不需要马缰,当马的脖子和头都已经看不见了的时候你也几乎看不到前面的大地是一片被割得光光的野地。[5]

由于变成了半人半马的怪物,骑马人抖落了人性,自行变成了人与兽的优秀品种。这种改造植根于卡夫卡对美国的幻想,而不是他在高中接受的古典教育。也许这里有一点他在美国的家庭经验,因为卡夫卡虽说是中欧和东欧的犹太人,但在美国也有家属。不仅两个舅舅约瑟夫和阿尔弗雷德曾经到美国做过买卖,而且他的堂弟奥托·卡夫卡(1897—1939)于1906年移居美国。他在那里自行改造成美国人,学习英语,在一家妇女服装公司当搬运工,最后当上了公司的出口部经理。这一句话的文学性融合了卡夫卡对身体和心理改造的要求和欲望的全部自觉意识。

1912年8月13日,卡夫卡与菲莉斯·鲍威尔(1887—

1960）邂逅，一位助理秘书，他是在马克斯·布罗德的父亲家与布罗德讨论那些故事时遇到她的。她说是布罗德的妹夫的表妹，在布拉格做生意。她成了他调情的目标（他建议大家一起去巴勒斯坦），但到了第二天上午他就迷上她了。可以说，这不是卡夫卡所执迷的第一个年轻女人，但这次的执迷却与他自称的向作家的改造密切相关。9月20日，他开始写大约350封最不平常的信和150张明信片给这位最普通的年轻女人。第一封信是在卡夫卡写作《判决》的前两天在他的办公室写的。正如德语犹太作家诺贝尔奖得主埃利亚斯·卡耐蒂在《卡夫卡的另一种审判》（1969）中对卡夫卡给菲莉斯·鲍威尔的信的解读，通信中最真实的一句话是卡夫卡的自白："我是个不诚实的家伙；对我来说这是保持小船平衡的唯一方式；我的小船是脆弱的。"每一个真理都小心翼翼地编织成谎言；每一个谎言都经过算计而成为真理。一切都如你所见；一切都不过是人为的。这不是爱的伟大基础，但无疑是自我改造的幻想。

根据卡夫卡的最初印象，菲莉斯一副"空荡荡的骨头突出的脸庞，而且明晃晃地暴露出来。脖子裸露着。披着短上衣。……几乎折断的鼻子。金色的、僵直而毫无吸引力的头发，突出的下巴"。她是严肃的职业妇女，卡尔·林兹特罗姆A.G.柏林公司的经理，这家公司生产听写器和录音机。她在许多公共场合代表公司讲话。实际上，我们还有一段广告电影，讲她如何使用一种新型听写器的。卡夫卡1912年11月11日写信给她，表达了他的强烈欲望。但却把这种欲望寓于身体不适之中了：

> 每星期只给我写一封信，让你的信星期天到来——因为我无法忍受每天读你的信，我无法承受它们。比如我在回了一封信后，就躺在床上，看起来很平静，但心怦怦跳个不停，振动全身，满脑子想的只有你。我属于你，真的没有别的方法来表达了，而这也不够充分。但正是出于这个理由，我才不想知道你穿的什么衣服；我的心境如此混乱以至于我无法对付生活；所以我才不想知道你喜欢我。如果我知道了，像我这样一个傻瓜，怎么还坐在办公室里，或者家里，而不是跳上火车闭上眼睛，而睁开眼睛时就和你在一起了呢？噢，有一个悲惨的、悲惨的理由使我不能那样做。简单说吧，我的健康状况还不能维持自己的生活，不能结婚，更不用说当爸爸了。

噢，那颗跳动的软弱的心——卡夫卡家族的心——成了弗兰茨与他的欲望满足之间的障碍。对他来说，性是对他的欲望的惩罚——而不是奖赏，他在 1913 年 8 月 14 日的一则日记中谈到了这一点。他想象一种禁欲的婚姻，"比单身汉还要苦行，那是我忍受婚姻的唯一可能的方式。可是她呢？"与妓女发生性关系即便危险但却好玩。但是，在尼可拉斯街公寓的床上看到父母的睡衣挨在一起时顿生的恐惧使他想到他可能也会成为那种人：他自己的父亲。

单身生活，没有孩子，更是一种诅咒——卡夫卡家族的诅咒:他有三个叔父没有结婚,虽然事业成功,但内心生活不幸福。当父亲——像赫尔曼那样——要不就永远当一个孩子,一个单身汉;二者都是恐怖,他在1911年11月24日的日记中写道:

> 《塔尔木》经上也说:一个男人没有一个女人就不是人。今天晚上我不想为这种思想辩护,我只对自己说:"现在你们来了,这些邪恶的想法,因为我虚弱,胃里七上八下的。你选择这个时间让我思考你。你在等待最佳时机。不觉得羞耻吗?在别的时间来吧,在我强壮些的时候。不要这样利用我的身体状况。"

恰恰是他的身体迫使他意识到一个老单身汉的恐惧,当然还有这样一个事实,瓦利,中间的妹妹,通过一个很好的婚姻介绍所订了婚,甚至马克斯·布罗德,他的最好的朋友和旅游伴侣,也与埃尔萨·桃西格订了婚,将于1912年年末结婚。新年除夕,他写信给菲莉斯·鲍威尔,引用了拿破仑的一句话:"死无后嗣真是可怕。"[6] 那天晚上,他感到"像一条迷路的狗",这句话将在《诉讼》的结尾时再次出现。同时,艾丽生了第二个孩子,这只能使弗兰茨"妒忌,只有妒忌……因为我本人永远不会有孩子"。至少不是像弗兰茨这样的孩子:

> 当个单身汉看起来那么可怕,老年的时候努力保持自己的尊严,同时乞求一份请柬,……欣赏别人的孩子,甚至不让你

接着说:"我自己没有"……将来的情况就是这样,只是在现实中,今天和以后,你都站在那里,有一个可触摸的身体,一颗真正的脑袋,一个实实在在的前额,那是让人用手来打的。[7]

这就是在1911年11月14日的日记中卡夫卡写的"单身汉的噩运"。但是,卡夫卡当然知道这种生活也恰恰是文学所需要的素材,如在他未发表的断片"布鲁姆菲尔德,一个老单身汉"中一样。在1915年2月9日的日记中,他描写了一个"邪恶的、卖弄学问的、机械的"单身汉,但反映孤独生活的痛苦和快乐。母亲对所有这些单身汉焦虑的解决办法就是结婚:她评论说,如果他结婚了,他的身体会好起来,他会放弃那些关于写作和生活的愚蠢想法,安心做他的工作,养活家庭。[8]他会过着正常人的生活——和赫尔曼一样。

所以,解决单身汉的问题就是做菲莉斯——卡夫卡太太——的丈夫,或许不做。卡夫卡想要什么呢?菲莉斯告诉来柏林看望她的布罗德,她感到即便他写了流水般的情书,对弗兰茨的了解却越来越少。到1913年卡夫卡才在柏林见到她三次,有一次是来瞻仰亨利希·封·克莱斯特(1777—1811)之墓的,这是他最仰慕的作家之一,他的生活"和我的非常相似,……他就像朋友一样为我树立了榜样"[9]。克莱斯特曾说服一个萍水相逢的年轻女人陪同去了万西(Wannsee),他杀了她然后自杀了。为他订婚也为他作为作家的生活树立了榜样?

当开始想象自己是个"真正的"作家时,卡夫卡的欲望对象正是菲莉斯。实际上,卡夫卡把"致弗洛琳·菲莉斯·B"这篇故事题献给菲莉斯了。他的经验世界与文学世界之间没有界限。生活中的一切都是他写作的素材,如他在日记中所说:

1913年2月11日:我在校读《判决》时,我把手头所有的关系都写下来,只要我能记住它们,它们就会在故事中越来越清晰。这是必要的,因为我写这篇故事就像真正的生产一样,上面盖着赃物和黏土,只有我才有可以接触那个身体的手以及想要这样做的力量:

故事中的朋友是父子之间的纽带,是他们之间最结实的纽带。独自坐在窗前,格奥尔格贪婪地沉浸在这种意识中,沉思着他们之间的共同之处,相信他自身内部有他父亲的成分,如果不是一种转瞬即逝的悲惨的沉思,一切都会平静的。在故事展开的过程中,父亲由于在其他方面与儿子共享的小事情——爱,对母亲的忠诚,对她牢固的记忆,他(父亲)在生意上的第一个女顾客——以这样的巩固的地位,用朋友这个共同纽带把自己树为格奥尔格的敌人。格奥尔格什么都没有得到,那位新娘子在故事中只与那位朋友有关系,就是说,与父亲所共享的东西有关系,很容易就被父亲赶走了,因为根本没有什么婚姻,所以,她无法参入父子间的血缘关系。他们所共有的东西完全围绕父亲建立的,格奥尔格所感到的只是某种外来的东西,已经独立的东西,他对此从未给予足够的保护,与俄国革命相关的东西,仅仅因为他本人已经丢失了一切,只落得个对父亲做判决的意识,对他产生如此大的影响,以至于使父亲与他彻底隔绝开来。

格奥尔格与弗兰茨写了一样多的信。Bendemann(本德曼)这个名字中,mann是对Bende(本德)的强调,以提供故事中迄今尚未预见到的一切可能性。但是,本德写的信恰好与卡夫卡写的信一样多,Bende名字中的元音字母e与Kafka中的a出现在相同的位置。弗里达(Frieda)与菲莉斯(Felice)的字母数量相同,首字母相同,布兰登菲尔德(Brandenfeld)与鲍威尔(Bauer)首字母相同,而在Feld一词中还有某种意义关联。(Bauer是农民,Feld是田地。)也许甚至想到柏林也并非没有影响,而对马克·布兰登堡的回忆也有某种影响。

现在卡夫卡懂得了他的弗洛伊德,因此也当然懂得了他的卡夫卡。他为自己的故事提供了一个详细的"解读",以揭示他如何用他的机制(或现已非常清醒的无意识)来写这篇故事的。这个非常具有还原性的叙述似乎非常机械,因为卡夫卡在创作过程中清醒地意识到他要捕捉艺术(他讲的格奥尔格的故事)与生活(他围绕菲莉斯的杜撰)之间的关系。

卡夫卡的生活就在他的写作中,而这种写作似乎是超现实的,弗洛伊德式的,歇斯底里的,但又非常有节制——更像莫扎特而非贝多芬。马克斯·布罗德看到了这个故事,很快就用他的年鉴《阿卡迪亚》把它印了出来,卡夫卡知道他会在写完的当天就把它印出来的,通过莱比锡的库特·沃尔夫出版了。沃尔夫后来赢得了先锋出版商的称号,他懂得市场需要什么,并根据这种需要出版有利于作家和他本人的东西。布罗德为第一卷写了前言,他说这本年鉴是他逃避重大政治事件和私人世界而进入新的唯美主义的途径。卡夫卡的故事符合这个要求——根据新的文学规律改善他与菲莉斯以及和父亲关系的私人世界,将其变成"纯粹"的文学事件。但卡夫卡则更明白:他已经对文学的状况进行了精心的判断。

《判决》是卡夫卡发表的第一部重要作品,确定了他的写作模式——表面上深奥玄妙,但意义就固定在表层之下。但这也是他要把自己介绍给读众的作品。卡夫卡第一次朗读自己的作品——第一次作为作家露面——就是在1912年朗读这篇故事。

《判决》发表之后,他立即重写了1911年开始写作的一部小说。如《判决》一样,那就仿佛充溢而出。1912年9月29日,马克斯·布罗德在日记中写道:"卡夫卡在狂喜之中,写了个通宵。以美国为背景的一部小说。"到10月6日,卡夫卡让布罗德坐下来,听他读《判决》和《司炉》,这是卡夫卡死后布罗德冠以《美国》之名的那部小说断片的第一章。这部小说模仿当时美国和德国流行的黑幕揭发者的模式,讽刺地颠倒了读者的期待。由于写于"狂喜"之中，它当然是对已丢失的1911年的小说手稿的重写，但也是他所毁灭的两兄弟小说的重生。小说反映了描写经济成功的理想主义小说的模式，完全颠倒了狄更斯或霍拉旭·阿尔杰（1834—1899）小说中经典主人公从"贫穷到富有"的生活。这些小说是卡夫卡微妙戏仿的基础。阿尔杰的第一部小说《破衣迪克》（1867）开创了"一角钱小说"的新样式，也就是人人皆知的"城市故事"，历史地描写了诸如纽约、波士顿和费城等大城市中流浪街头的弃儿。以非凡的勇气和道德意志，阿尔杰笔下的青年人在逆境中致富成名。这种颠倒早已是美国黑幕揭发者小说的一个主题。卡夫卡死后发表的《美国》是马克斯·布罗德的；今天，这部小说用的是卡夫卡手稿的一个题目《消失了的人》，指的恰恰是反阿尔杰发展轨道的主人公。

卡尔·罗斯曼年仅16岁，被一个35岁的女仆勾引而与她发生了性关系，并生了一个孩子。为了逃避非法同居的侮辱，他出发去美国投奔他的一个叔父。他来到纽约市，而这就是开头一章的框架，在船上他就与当局发生冲突。实际上，卡尔·罗斯曼最先看到的就是自由女神像："她手中的剑似乎只是为了举在高空，狂野的风吹打着她的形体。"[10] 对早期丢失的关于美国的一部小说的这种奇怪的重写是对"普通素材"的回应，如卡尔·梅伊笔下的捕兽者和印第安人，阿尔杰笔下的快活的报童。这里，甚至西方也有一股预言的力量，只能透过欧洲的透镜才能看到。基于他所读过的福楼拜和查尔斯·狄更斯的改良主义小说,如《雾都孤儿》,这部小说与黑幕揭发者的兴趣完全相同。这是对美国神话即意第绪戏剧中的"金色国度"的讽刺颠倒,也成了他所描写的美国形象的组成部分。在这个世界上,罗斯曼螺旋式下降,失去了与叔父代表的资产阶级商业世界的联系,先当了电梯操作者,最后成为普通工人。他的故事讲的是连续的驱逐和贬降,首先是在船上与司炉的关系,然后是与叔父生意合伙人的关系,最后是与他打工的饭店的大厨和侍者头儿的关系。

罗斯曼在社会和经济上的垮台恰好与布拉格指望成功的改造相并行。在布拉格讲德语与之美国讲英语一样并不能保证知识或经济上的成功。在美国,罗斯曼学会了"本土"语言,成了一个美国人:"起初,他与叔父用英语交谈的内容不外乎是打招呼和说再见……一天晚上卡尔第一次给叔父背诵一首美国诗歌——主题写的是冲突——这使他面带满意的忧郁。"[11] 与小说中的许多"外国人"不同,罗斯曼真的学会了英语。当在西方饭店找工作的时候,那成了他的一笔资产:"你讲德语和流利的英语,完全合格。""但我的英语都是在美国的两个半月内学的。"卡尔说……"那就能说明你的一切了。"厨头说。"我想到了我学英语时遇到的困难。"[12] 通过讲英语而变成了"美国人"并不够。罗斯曼仍然在下滑。

如卡夫卡告诉布罗德的,只有"俄克拉荷马的露天剧场"

的断片式叙述似乎能保证一切都会魔幻般地得到宽恕,流浪者也能够回转家园。但是,当他被雇用在那里工作的时候,人们称他为"黑鬼",还把他当作"黑鬼,欧洲的中学生"来介绍。小说里的这个时刻使人进一步洞察到他融入小说的那个经验世界的方方面面。因为在布拉格人们提出的问题是:"犹太人是白人吗?"1920年写信给马尼拉·杰森斯卡时,卡夫卡颇有文采地评论说:"当然对你父亲来说在你丈夫和我之间没有什么区别(我们俩都是犹太人);这一点我毫不怀疑,在欧洲人眼里,我们都长着相同的黑鬼面孔。"[13]但是,当非犹太作家杰森斯卡本人于1938年描写德国人迫害中欧犹太人和其他少数族裔时,她以隐喻的方式把他们说成是"欧洲的黑鬼"。通过学习语言进行社会改造并不改变人们看待罗斯曼这种人的方式。

卡夫卡在这部断片式小说的最后一章里融入了关于"俄克拉荷马大剧院"的黑色幽默般的描写,这是他1912年7月在荣格本恩的经历,他当时为了治疗"心痛"和"病理式神经状况"而来到哈兹山的鲁道夫·于斯特的自然疗法疗养院疗养。于斯特是畅销书《回归自然!》的作者的儿子,健康食品的供应商,订了当时所有的健康食品和锻炼的流行杂志,他还倡导裸体主义。卡夫卡在这里划定了界限,根据他自己的叙述他还成了著名的"游泳槽里的人"。这不仅是由于他的谨慎,还让人感到他不想在每个房间里都放着《新约全书》的地方让人看到他那行了割礼的身体。他把自己对身体如何暴露性格的自我意识写进了经营"俄克拉荷马大剧院"的那些自信之人的性格。这里，没有什么希望，只有最终螺旋式进入忘却的必然命运。实际上，卡夫卡用"剧院"来解决主人公的全部个人和道德困境，这显然是在戏仿歌德在《少年维特之烦恼》的教育小说中对文化制度的使用，当然，这里的"剧院"将表明它本身不是一个"幸福的结局"而是增强信心的手段。

库特·沃尔夫如此着迷于这个故事，于1913年以《司炉》为题发表了这部未完成的小说的片断。沃尔夫获得了成功，1916年印刷第二版，1917/1918年第三版。从作为思想实验的这部小说发表的部分正是介绍主人公狄更斯式地逃往美国的片断，即他到达美国时遭遇手拿剑鞘的女神像的故事。卡夫卡即刻成了公认的畅销作家和新秀。1915年著名的剧作家（和亿万富翁）卡尔·斯特恩海姆在弗兰茨·布雷顿的敦促下，为认可《司炉》的发表而把冯塔尼奖（Fontane Prize）颁给了卡夫卡。

1913年夏，弗兰茨告诉父母他要和菲莉斯结婚，他们坚持要看未来的儿媳妇在道德行为方面的侦探报告。显然，菲莉斯的父母在接到弗兰茨的一封冗长的求婚信之后也提出了相同的要求。弗兰茨除了求婚外，还一一列举了自己的缺点，包括缺乏交际能力和自疑症。这时，卡夫卡已经晋升为事务所的副所长。菲莉斯要求弗兰茨说一下未来的打算。这个让他预见他们未来共同生活前景的要求使他不知所措，他呻吟着说他"无法步入未来；我可以闯入未来，挤入未来，跟跄地进入未来，这我能做到；但最好的是躺着不动。"[14] 这种被动性当然只是针对菲莉斯的要求而发的；此时，卡夫卡已经完成了《变形记》，在一阵"狂热"之中将其读给布罗德听。他在此时的信件中不断重复的咒语是："没有她我无法活下去，有她也无法活下去。"

然而，弗兰茨似乎并未对菲莉斯情有独钟。1913年9月，他去了另一家疗养院，意大利北部里瓦的冯·哈腾根医生的疗养院，当时仍然是奥匈帝国的一部分。与所有其他这样的疗养一样，他尽情地享受新鲜空气和独处，每天游泳跳水。在饭桌上他遇到了来自鲁贝克的年轻的戈蒂·瓦什那，小巧，一副"意大利模样"。她是个"姑娘，一个孩子，大约18岁……未成熟但无可挑剔"[15]。他完全被她一个接一个的约会占据了。他们的调情甚至继续到深夜之后，开着窗子相互讲话：

> 我乐意写童话（我为什么要痛恨那个词呢？）来取悦W（戈蒂·瓦什那），她有时会在吃饭时把它们放在桌子下面，在上菜的间隙读它们，当发现疗养院的医生已经站在她身后盯了她许久之后，她会害羞地脸红起来。她有时会激动——实际上她听故事时始终都是激动的。

但最惊人的是，卡夫卡奇怪地承认"我第一次理解一个基督徒女孩，几乎完全在她的影响之下生活"[16]。在向菲莉斯坦白这段痴情的时候，他说她的"血缘离我不可能再远了"[17]。仅就布拉格紧密的犹太社区而言，卡夫卡的大部分社会交往显然都是与犹太人的。同样明显的是,他与城里的女店员和妓女交往甚密,她们当中有许多都不是犹太人,尽管毫无疑问也有许多东欧犹太妇女,她们在19世纪末到第一次世界大战期间由于反犹太复国主义的暴力和社会动荡而来到了西欧。这时期的犹太妓女构成了性贸易的相当可观的部分,甚至波及阿根廷。在约瑟夫·布鲁尔和西格蒙德·弗洛伊德合著的《歇斯底里研究》(1895)中的伯莎·帕本海姆,也就是著名的"安娜·O."("病人零"),就是专职拯救这些犹太妓女的。她对自己拯救出来的这些妇女的看法与卡夫卡的相差无几。

突然间,卡夫卡家族的家庭内部斗争中的一个隐藏的主题凸显出来了:你是否像奥特拉一样为"爱情"结婚而走出信仰之外(这似乎是一对儿概念,仿佛不可能在同一个信仰内部为爱情而结婚一样),或者满足父母的意愿,在弗兰茨的情况下就是与一个优秀的犹太女孩结婚。对戈蒂·瓦什那的爱慕表明卡夫卡有能力做出真正的选择,因此,当她离开疗养院的时候,卡夫卡折服了:"10月22日:太迟了。甜蜜的悲伤和爱。她在船上朝我微笑。那是最美丽的。始终只有死的欲望和尚未屈服的欲望:只有这才是爱。"[18]这里,爱是不可接近的,转瞬即逝的。它与变化的时刻相关,如同在疗养院里,他的生活突然有所不同,似乎好了起来,当日常生活的需要中止之后,我们大家的生活都会好起来。

卡夫卡不仅痴迷于年轻的戈蒂。对面房间里还有位俄国女人，他认为他可以勾引她，但显然没有付诸行动。当 1913 年 10 月回到布拉格时，他又与"苗条年轻的"格蕾特·勃洛赫邂逅，她来自柏林，是菲莉斯的朋友。卡夫卡感到他的订婚是一个"折磨"。后来，在 11 月 8 日，星期日，他和菲莉斯在柏林有过一次可怕的会见，期间，菲莉斯努力在逃避他，卡夫卡似乎绝望了。她似乎总是打个招呼就走，甚至不给他打电话，哪怕是在答应了给他打电话的时候。看起来菲莉斯想要结束他们的关系。他回到布拉格，回到了妓女的身边，她们对他的兴趣从来不会没有回应的：

> 我故意走到满是妓女的大街上。从她们身边走过会令我激动——要和其中一个上床遥远的但却现存的可能性。这是粗俗吗？但我不知道有什么比这更好的了，而这么做对我来说基本是无辜的，我几乎没有任何遗憾。我只想要那些健壮的、年长一点的，穿着过时的，但又由于不同的装饰而显得有些奢华。一个女人此时可能已经认识我了。我今天下午遇见了她，她还没来得及穿上工作服，头发平平地展在头上，没戴帽子，一件像是厨师穿的工装，拿着一捆东西，也许是去洗衣店吧。没有人会对她感兴趣的，只有我。我们目光短促地相遇。现在是晚上了，天越来越冷，我看到了她，穿一件紧身黄褐色的外套，在蔡尔特纳斯大街的另一边，那是她的地盘。我回头看她两眼，她也看到了我，然后我真的跑掉了。这种动摇确实是由于想起了菲莉斯的缘故。[19]

有趣的是，卡夫卡的注视何以落在了那些年长的妇女头上，他想象她们就像孩提时带他去上学的女仆。与高中同学一起经常光顾的那些年轻昂贵的妓女不同，这里，他不与她们交媾。她们太像那些有权的人物，包括菲莉斯，令他害怕。

1914年元旦，弗兰茨非常尖刻地指出菲莉斯作为一个职业妇女来布拉格所必须放弃的一切。同时，卡夫卡一家也搬到了奥派尔托斯的一个优雅昂贵的公寓里，就在新翻修的犹太聚居区的对面。他在（父亲的）优越环境中忍受着痛苦，不能够或不愿意放弃这痛苦。他为什么要这样？他有一个关心他情感创伤的母亲，有一个给他提供一切生活所需使他生活快乐的父亲，有为他支付不同的疗养院和妓女的一份工资，生活应该是完美的。婚姻会毁掉这一切，也会剥夺他最后一点隐私，每天晚上和夜里写作的隐私。所有这些他都倾注在给菲莉斯最好的朋友格蕾特·勃洛赫的信里。2月27日，他和菲莉斯在柏林共度周末，他越来越清楚菲莉斯不会和他结婚，因为那意味着她的生活方式要发生变化。他突然看着她，为她的牙齿矫正感到恐惧。真正的疾病和畸形，即便正常的社会习俗，都成了他要悬置欲望的挂钩。他写信给格蕾特·勃洛赫说那是一次可怕的会面："下一次将苦不堪言。"[20]

弗兰茨的母亲焦急地希望他们的订婚能保持下去，1914年4月13日正式宣布之后她写信给菲莉斯，称她为亲爱的女儿。订婚告示登在了4月21日的柏林报纸上，并有向双方父母的致谢。卡夫卡也写信给菲莉斯的母亲,称她为亲爱的母亲。用弗兰茨的老话来说,菲莉斯已经接受了订婚,[21]但是她期待的是一种稳定的中产阶级婚姻。他现在真的苦不堪言了。当菲莉斯来布拉格来看弗兰茨为他们找到的郊区公寓时,发现住房很奢侈。弗兰茨的结论是请格蕾特·勃洛赫一起来住:一种性幻想或放弃继续当作家的能力?格蕾特突然意识到她无意中背叛了朋友,拒绝充当菲莉斯信件的替罪羊了。

7月,卡夫卡来到柏林,所面对的是菲莉斯挥舞着弗兰茨写给格蕾特的信。他突然被控一桩他并没有犯的罪行(但他确实有这个愿望),与菲莉斯最好的朋友的一种浪漫关系。据卡夫卡所说,那个场面是在阿斯卡尼舍·霍夫旅店举行的一次审判:

> 1914年7月23日。旅店里的审判。出租车里的旅行。菲(莉斯)的脸。她用手拍打自己的头,擦鼻子,打着哈欠。她突然鼓起勇气,说出了经过深思熟虑的、积蓄了许久的充满敌意的事情。与勃(洛赫)小姐返回的旅程。旅店里的房间;从街对面的墙上反射的热气。此外还有午后的阳光。精力充沛的侍者,几乎就是和他一样的东欧犹太人。楼下锅炉的噪音。臭味。臭虫。一个艰难的决定。女仆惊呆了:根本没有臭虫。只有一次一个客人在走廊里发现了一个。在父母家。她母亲时不时地流泪。我背诵我的台词。她父亲从里到外理解这件事情。从马尔默专程来看我,整夜旅行,穿着衣服坐着。他们

都说我是对的,那没有什么,或没有多少与我不利的事。让我的无辜见鬼去吧。勃(洛赫)小姐显然内疚了。晚上独自坐在安特·登·林登的板凳上。胃痛。

卡夫卡的罪过是瞒(菲莉斯)还是承诺?他确实给格蕾特写了非常亲密的信,但他们有过那种关系吗?格蕾特后来声称她1914年或1915年生的孩子的父亲是卡夫卡,而不是来自慕尼黑的"不具名的"朋友。那孩子只活到了7岁。弗兰茨不是唯一拥有过分活跃的、性欲过度的想象的人。当这样的两个人相遇,每一个都发现对方是潜在的欲望对象(多么好的一对儿年轻犹太夫妇啊),而且不仅男人有情欲幻觉。

卡夫卡关于这次"审判"的叙述内容如下:内疚,争论,所讲的实话,被揭露的欲望,父母,过分爱慕的朋友,一个并不清白的清白的情人,东欧犹太人,恶心的痛苦——还有臭虫:旅馆里从未见过的一只臭虫。一切都是自觉的和清醒的——仿佛从远处看到自己一样。

此后,卡夫卡的母亲写信给菲莉斯的母亲说儿子不能够示爱,实际上从未示过爱,哪怕对最亲密的家人:"也许他天生就不能结婚,因为他唯一努力要做的就是写作,那是他生命中最重要的。"[22] 也许正是这个距离使写作成为可能,但也恰恰是这种距离使他逃避了各种承诺,它们会把他改造成为他父亲那种人。

当然，卡夫卡生活中最重要的事件发生在萨拉热窝城，波斯米亚的首都。那是 1914 年 7 月 28 日，奥地利帝国的继承人弗兰茨·佛迪南和妻子被塞尔维亚民族主义者暗杀。在 1914 年 8 月 2 日的日记中，他淡淡地提到德国向俄国宣战了，他去游泳了。布拉格的战争呼声与奥匈帝国的其他地方一样高涨。尤其是能够证明其爱国主义的犹太人：但向谁证明呢？德国人还是捷克人？

> 爱国主义游行。市长讲话。消失，然后消失了，用德语的喊声："我们热爱的君主万岁！"我站在那里，目光里充满恶意。这些游行是伴随战争而来的最恶心的事情之一。由第一天声称是德国人、第二天就是捷克人的犹太商人发动的。自己承认吧，但他们确实从来没被允许像今天这样大声地呼喊。他们自然会带来很多其他人。组织得很好。据说每天晚上都要重复，明天和星期天有两次。（1914 年 8 月 6 日）

战争真正爆发的时候，弗兰茨·卡夫卡的名字上了皇家和帝国第 28 步兵团的后备名单。1915 年 6 月和 1916 年 6 月他被发现适于参战（尽管他声称心脏虚弱和身体不适），但他没有离开波希米亚王国的工人事故保险事务所，因为他的工作被认为是战争所"不可或缺的"。1916 年 5 月 11 日，他向事务所主任提出请长假的请求：

> 后来要求请长假,当然没有工资,以为战争会在秋天结束,或者,如果战争继续下去,我的豁免就将作废。那完全是一个谎言……他没说关于参军的事,仿佛我的信中根本没提到一样……(他)偶尔谈到一个外行精神病专家的角色……我身体虚弱,尽管我知道那对我来说几乎是生死的问题。但我坚持要参军,而且三个星期还不够。他就此停止了讨论。假如他不是如此友好和关心我的话![23]

卡夫卡要参军或不参军的矛盾愿望是复杂的。他能把自己改造成一名军人吗?当时最有力的反犹太复国主义的神话之一就是说犹太人以身体疾病为由逃避兵役:"战争故事为……(反犹太复国主义)提供了许多机会;比如说有一个患病的东欧犹太人,在军队开往前线的头一天晚上会把花柳病病毒喷到另外12个犹太人的眼睛里;这可能吗?"[24] 当时的反犹太复国主义报纸把犹太男性的身体看做是先天残疾:声称所有犹太人都是扁平足。这使他们没有资格参军。

对卡夫卡来说,犹太军人的形象还具有另一层非常个别的意义。他父亲曾经是犹太军人。赫尔曼在奥地利军队里服役三年,显然是他生活中的高潮,退役时是中士军衔。实际上,父亲作为健康的军人的形象甚至进入了卡夫卡的梦境。1916年他梦见一个军团的士兵在行军,父亲就此评论说:"只要有能力,就要去看一看。"《判决》中的父亲可能病体缠身,但是在儿子的眼里,他仍然是个"巨人"。[25]当由于订婚而嘲笑儿子的时候,这个病人突然形变为他以前的自己。他谴责他只是为了性生活才结婚:"边说边模仿她,把他的裙子撩起很高,你能看到他臀部上战时留下的伤疤。"[26]这块"战时留下的伤疤"标志着父亲的身体是军人的身体。一个圆满服役和战时受伤的军人。因此,"儿子"后来在1919年的一封著名的信中跟父亲说:"当我迈着军人的步伐敬礼的时候你曾鼓励我,但是我绝不是未来的军人……"[27]这反映了父亲为了表明自己的身份而想要有一个当兵的儿子。做一个好儿子和好公民就是要当兵,但你又如何去改造自己的身体呢?

一个简单的方法就是要求成年后独立。卡夫卡在31岁的时候于1915年3月搬出了父母的家,住进了兰杰街道一个带家具的公寓,最初是作为权宜之计与妹妹瓦利一起搬来的(她丈夫应征入伍了)。妹妹艾丽和两个孩子需要住他在奥帕尔陶斯公寓的房间,因为她丈夫也在战争开始时当了兵。未婚子女在结婚前住在父母家也并非是不寻常的事,但对卡夫卡来说,这个房间与他性生活的联系成了一种文学的偏执。他知道"它对他太有用了",他这么多年"完全是在依赖和舒适中度过的"。[28]地点,一个安静的地点,成了他作品和生活的固定主题之一。他在1914年3月9日的日记中写道,他只需要"一个房间和一种素食,几乎不需要别的什么"。但他也认为他不能结婚,因为在回答菲莉斯想象出来的问题"你健康吗?"的时候,他说:

"不——心脏,睡眠和消化都不好。"然而,菲莉斯对他的怪异生活的反对意见还包括他的素食主义。他需要把自己改造成一个能结婚的人,一个有生活的人。他再次开始吃肉,几乎不吃别的东西,这破坏了他的消化系统。但他再次开始写作。他相信这种受虐的举动能够再次使他接近菲莉斯。

卡夫卡的信具有诱惑力,显然也有操纵力。它们是关于一种潜在关系的虚构。与此同时,他开始以《诉讼》为题发表作品。由于在柏林经历了不成立但却理由充分的谴责,他于9月出乎意料地收到了格蕾特·勃洛赫的一封信。她对朋友的忠诚现在变成了要分别与菲莉斯和弗兰茨见面的欲望;她忸怩地玩弄卡夫卡的丧失感和欲望。10月,弗兰茨终于再次开始给菲莉斯写信。他已经给菲莉斯写信上了瘾。这封信是在诋毁他写信的变态行为——这是他从格蕾特·勃洛赫那里学来的——再次宣布他对她的爱。他的写作再次如泉水般喷发出来:他又与自己的幻想联系起来了。两个月内他写完了《在流放地》和《诉讼》中的核心寓言《在法律面前》。

这两个故事都根植于德雷福斯事件的历史经验,这对卡夫卡这一代欧洲犹太人来说是构成性的政治事件。1894年,阿尔弗雷德·德雷福斯上尉(1859—1935),法国参谋部里唯一一位犹太军官,被错误地指控向德国人出售情报而背叛了他的国家。结果是审判,魔岛流放,艾米尔·佐拉领导的非凡的公开争论,重新审判,再次被判有罪,最后是1906年的最终获释。

汉娜·阿伦特在20世纪40年代末正确地写道:"不是经过多次审判的德雷福斯案件而是整个德雷福斯事件为20世纪提供了一线曙光。"它也使东欧小城里的每一个犹太人注意到了西方现代国家的首都。

卡夫卡在《在流放地》(1914)中首次公开涉及德雷福斯案件。小说的背景,实际上每一个评论家都观察到了,不止是与魔岛相似的问题。实际上,甚至德雷福斯在回忆录中提供的魔岛地图都与虚构的流放地一模一样。这部小说的文学源泉,奥克塔芙·米拉波的《拷问者花园》(1898—1899;第一版德文翻译,1902)也是在德雷福斯事件的影响下写的。米拉波本人是个德雷福斯迷。其他作品,如查尔斯·狄更斯描写监狱和工作场所的作品则完全有理由成为这部小说的源泉,而且中欧犹太人在世纪交错时期都是参照德雷福斯的审判和惩罚来阅读的。这对当时的犹太人来说是高于一切的军事生活的典范。卡夫卡自己的家庭,通过舅舅约瑟夫·洛维,也与"非洲的混乱"和刚果社会的建立有某种联系,从而把犹太人与热带恐怖的联系拉得更近了。关于魔岛和刚果的故事是当时报纸每日报道的话题,揭示了殖民世界的非人性。

然而,与自述中的德雷福斯一样,卡夫卡避而不谈囚犯的犹太身份。这些文本中没有出现"犹太人"的字样或者任何容易破译的所指。卡夫卡笔下的囚犯"看上去愚蠢,张着大嘴,长着惶恐的头发和面孔"[29],和德雷福斯一样,也戴着脚镣,与身穿热而不透气的但正规军服的军官形成了鲜明对比。每一个都是德雷福斯。后者是作为穿军服的法国军人的德雷福斯；前者是在狱中衣衫褴褛的德雷福斯。他们是可以互换的。实际上，卡夫卡故事中自贬的军官就是德雷福斯的免职。他摆脱了军衔，脱掉了军服，最后："他拔出剑来，折断了它，然后，又把所有东西收拾起来，碎剑，剑鞘，皮带，咣当地扔下坑去。"[30]囚犯和警卫都不明白殖民语言，与旅游者/叙述者的语言不同的一种语言；实际上，囚犯从未开口说话。囚犯的罪过可能是在值班时睡着了，那是一种毫无意义的值班，因为值班就是每个小时向军官的门敬礼。中尉的鞭子叫醒了他，他威胁中尉说："扔掉那鞭子，否则我活活打死你。"[31]中尉指控他，这足已构成了对他的惩罚（"那就是证据"）。和德雷福斯一样，他被控军事犯罪，不服从命令。然而，他的罪的核心就在于他的罪过已被控告所证明。卡夫卡对战争中事物秩序的感觉在这个故事中反映出来，正如在一个越来越把犹太人看作逃避战争并从战争中获利者的一个世界上他自己作为犹太人而产生焦虑一样。实际上，在战争期间，反对反犹太复国主义的德国运动将发表一份统计研究，证明就占人口比例而言，犹太人参战人数和伤亡人数大大超过了其他民族。只有犹太人相信这个统计结果，即使当犹太阵亡将士的书信集发表之后仍然如此。

战争中，日常生活和跨越边界的旅行非常困难。即使老板也对文学感兴趣，但卡夫卡的工作任务还是很棘手。菲莉斯远在柏林。但在冬天,他遇到了范尼·雷斯,来自兰博格的年轻女人。对她的痴迷只不过又使他重新感到了要结婚和要见菲莉斯的迫切需要。他们决定在一个中间地点见面,即从柏林到布拉格铁路线上的波希米亚站。战争期间来到南部并不是容易的事。菲莉斯必须得有特别通行证才行,而弗兰茨则只需要一张车票即可。他们在1915年1月在那里共度了一个下午,这是自柏林"审判"以来的第一次见面。他再一次清楚地看到了菲莉斯的缺点。她是小资产阶级;他想要成为一名艺术家。也许最后的接触是当他在一家饭店点菜时她纠正了他的布拉格德语。但当他给她读《在法律面前》时,她马上就理解故事的意义了。

卡夫卡想要努力搞清楚这样一个事实,即与见面相比,菲莉斯更愿意读他每月写给她的两封信。他的社会生活和性生活似乎没有受到影响。据他的日记所说,中午,他去马里安巴德游乐场,至少可以和六个(即便不是更多的话)女人调情。在菲莉斯的催促下,1916年7月他们一起出去度假,在马里安巴德住了10天。他们住在一个套间,但中间的门却是锁着的。这里,他们似乎又达到了某种理解,至少菲莉斯认为如此。弗兰茨充其量处于矛盾状态。回去的时候,卡夫卡强烈推荐她去柏林的希格弗里德·列曼的人民之家当义工,那是一所致力于为年轻的犹太复国主义者提供教育的学校,马克斯·布罗德曾经描写过这所学校。卡夫卡认为如果她参与学校的工作,他就可以通过她的犹太身份而与她建立某种联系——不是作为犹太复国主义者——他仍然不认为犹太复国主义是解决犹太人散居问题的答案——而是在比较基础的层面,即与他共享某种身份的一个人。菲莉斯觉得这个建议奇怪而没有理会。

1916年年初,卡夫卡来到慕尼黑朗读《在流放地》的片段,但又遇到了麻烦。菲莉斯从柏林赶来听他朗读。他们又吵架了,卡夫卡回到家决心找一个合适的地方住下来。他当时住在奥特拉为了与未来的丈夫约会而在阿尔齐密斯滕街的一栋房子里,但两个人都清楚这个决定的拙劣性质。他在那里度过了1916/1917年冬,当奥特拉不用那个地方时,他就在那里写他的系列故事。

与此同时,卡夫卡还在努力扮演儿子和公民的角色,他在小心翼翼地塑造自己作为创造系列文学精品的作家的形象。每个产品他都精心选择发表的场所(如《观察》和《判决》),以便拥有他所预想的最大数量的读者。其中有著名的先锋派弗兰茨·布雷和佛迪南·布鲁克纳(1917年的表现主义杂志《玛斯雅思》)编辑的杂志。经常被引用的《在法律面前》于1915年9月7日发表在犹太复国主义的报纸《自我防御》上;这是未发表的小说《诉讼》的一部分,他1914年开始写作这部小说,但最终还是死后发表的。

恰恰是《诉讼》展示了"犹太人"何以成为"现代"或"表现主义"文学的主题。如在《在流放地》中一样,卡夫卡在小说中表现了德雷福斯事件中固有的背叛感。一天夜里,德雷福斯被从床上被拽了起来，拖到一个难以想象的背叛的世界上，接着便是一种无名的诽谤。或如卡夫卡在小说开始时所说："一定有人诬告了约瑟夫·K.，他没干什么坏事，却在一天早晨突然被捕了。"[32]要记住卡夫卡在柏林的旅馆里接受的"审判"。卡夫卡突然面对菲莉斯和她手里的证据，即可感到他自己就是阿尔弗雷德·德雷福斯，但是，作为一个德雷福斯也许不能全部澄清向他提出的全部控告。在"德雷福斯事件"期间，大多是德雷福斯不断勾引年轻女人的腐败事实。他真的没做什么"错事"，但仍然受到控告和惩罚。

在小说的手稿中，约瑟夫·K.，卡夫卡笔下的主人公，日间在银行里做办公室职员，处理一切政治事务，晚间还要在寄宿舍里与打字员毕斯特纳小姐过社会生活。他突然要应对这些无缘无故的控告，对此他可能有罪也可能无罪。(记住卡夫卡把《判决》题献给了B.小姐。)

约瑟夫·K.到银行上班，一个电话让他于星期天出席关于他的案子的听证会。他发现那幢建筑是一个巨大的公寓楼。当穿过了许多房间和院子之后，他来到了乱糟糟的场所，一个女人正在挨打。法院对此不感兴趣，K.从人群中打开一条路，走开了。小说中反复把肉体的身体当作隐藏着危险的地方，那里可能会发生任何干预。但最终没有任何干预发生。法院一再被再现为控告、腐败、虚伪的地方而不是"审判"的地方。法院里的性暗示随着毕斯特纳小姐的逐渐沉默而越来越清晰。

K. 的来自乡村的叔父到办公室看望他。如在卡夫卡自己的生活中一样,他叔父对这个案件的关心使他能够建立他所需要的那种关系。叔父的老同学胡尔德博士患有心脏病,一直在和法院的律师谈他的案子。照顾他的年轻护士叫列妮,想要勾引 K.。列妮有缺陷的连指令他着了迷,兴奋的列妮把他拽到地板上。这里,身体的畸形再次指向人物的道德困境。连指所代表的畸形特征抵消了列妮"天生的"性亢奋,这与毕斯特纳小姐文明的焦虑形成了对比。

工作的时候,K. 担心副经理抢走他的客户,其中一位建议他去拜访与法院打过交道的画家蒂托雷里。画家告诉 K. 他的案子可以呈现多种形式:真的宣判无罪,表面的宣判无罪和拖延。实际的宣判无罪是不可能的,从来没有宣判过。表面的宣判无罪是可能的,但之后便是更多的逮捕和审判。拖延就是始终把你的案子放在最底层的法院。不会有突然的逮捕,但案子始终是成立的。这是最佳的结果:被拖延的、不变的困境。

K. 最终解雇了胡尔德,雇用了一个新律师,这位律师相信根据唇的形状可以判断你的案子朝什么方向发展。根据这个规律,K. 不久就将败诉,他绝对没法控制这个结果。身体,包括他们的连指,他们太厚但又太薄的嘴唇,总是能告诉真相:但没有人向可怜的 K. 说明它们的意义,它们隐藏的密码。

银行的一个最大客户,一个意大利人来了,K. 负责照顾她。他特别想看大教堂,说要在那里和 K. 会合。K. 到达大教堂时,那里没有人。只有一个神父在那里，他知道 K. 的案子进展不顺利，因为他显然有罪。他们围着大教堂散步的时候，神父向 K. 讲了《在法律面前》那个寓言："在法律的门前有一个守门人。一个乡下人来到了守门人面前请求进去。守门人说现在不能让他进去。"于是，乡下人就坐到门旁等了许多年，想尽了办法想让守门人放他进去，贿赂他，恳求他，哀求守门人衣服上的跳蚤帮忙放他进去。最后，在快要死的时候，他问："'这么多年，除了我外，怎么没有一个人来见法律呢？'……'没有别的人可以走进这道门，因为这道门是专门为你开的。现在我要把它关上了。'"[33]

K. 和神父用了很长时间讨论这个寓言，他们用的是富于哲理的文学批评的戏仿方式。守门人是否听从乡下人？还是相反？乡下人是自己愿意来的吗？他疯了吗？守门人纯粹卖弄吧？神父说，没有必要接受这个真实的世界，而只接受这个世界是必要的。但是，K. 说世界是基于谎言的。神父透露说他也是法院这个结构的组成部分，法院只考虑自己的最佳利益。

一年以后，在他 31 岁生日的头一天晚上，两个人闯进 K. 的公寓，他们用胳膊架着他，从城里穿过。在路上，他看见了毕斯特纳小姐走在他们前面，显然和 K. 的命运一样。他看着她消失在黑暗之中。最后，他们来到了一个废弃的采石场。他们脱掉了他的外衣和衬衣，把它放在一块大石头上。他们拿出屠宰刀子，显然是暗示他拿起刀子插进自己的胸膛。但他没有拿，而是望着对面的一幢房子,窗子里还有灯光。顶楼上有个人正站在窗口,K.想知道那是不是法官,是他从来没能进去过的最高法院?他把张开了五指的手伸向他。然后,其中一个人拿起刀来,刺进了他的身体,还在他体内拧了两下。"'真像条狗!'他说;意思似乎在说他把耻辱留给了人间。"[34]

弗兰茨·卡夫卡与同时代的每一个犹太人一样都明白其犹太身份的脆弱,就像犹太上尉阿尔弗雷德·德雷福斯一样一天晚上被叫醒,被迫穿上平民的服装(因为他是军官),去接受秘密审判。小说的隐私性质(毕斯特纳小姐和列妮的出现反映了卡夫卡对女人和性的焦虑)与对德雷福斯的公开侮辱形成对比。德雷福斯事件从1894年他第一次被指控一直持续到1906年最终获释,但却伤害了整整一代的西欧犹太人。卡夫卡小说的标题 *Der Prozeß* 所囊括的恰恰是德雷福斯的事件,而非仅仅是德雷福斯的审判,这个双重意义就在于这次经历超越了法律的总体意义。在信件中,卡夫卡晚至1922年才向布罗德提起德雷福斯。

德雷福斯的信念就这样决定了一些犹太人的启蒙思想运动的断裂,如《维也纳自由新闻》的怪异记者西奥多·赫兹尔受到的审判和公开侮辱。这也与卡夫卡笔下的约瑟夫·K.在《诉讼》开始时有相同经历。"K.毕竟生活在一个由法律控制的国家里,到处是一片和平,所有条款都得以实施。谁敢在他的公寓里袭击他呢?"[35]但他并不是唯一一个遭此待遇的犹太人。卡夫卡在布拉格长大，他读到的每一期报纸几乎都有关于"血族诽谤"审判的冗长叙述。1881年至1900年至少有15起这样的案件。这就是《诉讼》所描写的主要问题，"一定有人诬告了约瑟夫·K."[36]。关于他的审判和最终判他"像一条狗一样"被屠杀的权威们的争论都是围绕这个问题展开的——在小说开始之前谁背叛了他？是什么伪证控告了这个日复一日过着平静生活的小官？在小说结尾，约瑟夫·K.是否有罪还是无罪也没有解决，伪证的问题也完全与开始时一模一样。

卡夫卡关于《判决》的断片式小说既不是犹太人的，也不是"犹太复国主义的"，因为它没有公开指涉外部世界，无论是私下的还是公开的。但他的读者一定会确切知道（如果能够读到它的话）小说中所暗示的公开所指。德雷福斯就隐藏在他的替身K.的人物身上，尽管除了身体特征外他的犹太性已经全部被剥掉了。他的读者（和卡夫卡）知道如何读这类作品。他们都读过马丁·布伯用德文改写的描写拉比布拉迪斯拉瓦的纳什曼（1906）和巴尔·闪·托夫（1908）的哈希德故事，也知道解读卡夫卡的钥匙。（1947年，出版布伯著作的出版社将在一套多卷故事集里发表卡夫卡的《一场梦》。）布伯在文本中剥掉了"东欧"的魔力，将其转变为（具有犹太人棱角的）西欧的哲理故事；卡夫卡甚至抛弃了这些外部所指。根据1913年1月（在给菲莉斯的一封信中）所说，布伯"枯燥乏味；他的话中总是缺点什么"。他当然不想"枯燥乏味"，写出那些"平庸的东西"，做关于犹太人的说教。然而,约瑟夫·K.临死的场面确实让人想到不知情的以撒,与 K. 不同的是,神的介入拯救了以撒。

在第一次世界大战期间,卡夫卡越来越感兴趣于公开的政治读物,即犹太复国主义者提供的关于犹太身份的读物。战争的爆发把贝尔兹的拉比的哈希德"法庭"带到了布拉格,卡夫卡与新结识的东正教朋友吉里·兰格一起去拜访这位拉比。他对这个世界的异国情调既为之吸引又有反感,在他眼里这个世界既代表精神性,又代表肮脏龌龊。卡夫卡在这个讲意第绪语的世界与犹太复国主义及其强调的作为犹太人口头语的希伯莱语之间找到了平衡。卡夫卡开始学希伯莱语,以此来"强化他的犹太意识",传达巴塞尔运动的犹太复国主义号召。当战争期间与他一起学习希伯莱语的朋友米利安·辛格 1919 年从巴勒斯坦回到布拉格时,他送给她一本《乡村医生》,还说她太健康了,所以读不懂他。犹太复国主义的核心政治主张就是改良病态的犹太人身体,使之成为能够胜任农民(和军人)的现代身体。这种改造是卡夫卡所不能同意的现代希伯莱观念的组成部分。然而,卡夫卡继续学习希伯莱语,做一些基础的阅读和写作练习。到了 1923 年,他还与从巴勒斯坦来布拉格学习的普阿·本-托维姆一起学习,他是卡夫卡的朋友雨果·伯格曼送来的,伯格曼当时正在组织创建新成立的希伯莱大学图书馆。她既懂德语又懂希伯莱语,被说成是"来自旧的新世界第一只土生土长讲希伯莱语的小鸟"。卡夫卡对她印象很好,继续学习希伯莱语；他也对她的家族深感兴趣，她父亲扎尔曼·本－托维姆是当时主要的希伯莱语作家。希伯莱语过去和将来都是犹太人的语言吗？这个问题是当时人们争论的热门话题。1916年，马克斯·布罗德与马丁·布伯展开争论，提出可以用希伯莱语以外的多种语言写"犹太诗歌"，有"许多讲德语的犹太作家"。卡夫卡本人注意到德语的犹太作品"在各个方面都是不可能的一种文学"。德语的犹太作品成了"吉普赛文学，它把德语小孩从摇篮里偷走，匆忙地进行某种训练，然后就让他去跳钢丝绳"[37]。

布罗德认为卡夫卡就是活着的最伟大的"讲德语的犹太作家"。布伯同意这种说法，1917年请卡夫卡为他的激进刊物《犹太人》撰写故事。卡夫卡给了他两篇"动物故事"，《豺狗与阿拉伯人》和非凡的《一份为某科学院写的报告》，描写猴子罗特彼得悲哀地学会做人的故事。这两篇故事反映了卡夫卡在西欧犹太人改革运动中看到的邪恶——把他们自己改造成别的什么、任何别的什么的必要性和不可能性。但他的出版策略也是很清楚的——他的读者既是先锋又是犹太人，既是犹太人又是先锋。他们重合因而为他的作品提供了相当不同的解读。他与读者玩游戏，完全了解他们的期待，也知道自己有能力满足和操纵这些期待。

卡夫卡作品中最能清楚展示这种双重读者的显然是他最著名的短篇故事《变形记》。他刚开始给菲莉斯·鲍威尔写那些充满激情的书信时,就开始这篇故事的构思了;1912年11月他就向她提起过一篇"小故事"。[38]11月24日卡夫卡非常高兴地给布罗德和奥斯卡·鲍姆读故事的开头。他把这件事写信告诉了菲莉斯,希望她也能尽快来,但也抱怨说自己要上班,这影响了故事的进展。如果他能像他的朋友弗兰茨·沃夫尔当个全职作家那就好了。沃夫尔当时在莱比锡为罗沃尔特工作,整天写诗歌!因为只有孤寂的写作才给他以最大的快乐。母亲建议他结婚,她感觉到了儿子的另一方面:她认为儿子身体和情感的脆弱都来自另一中孤寂的行为:手淫。如果菲莉斯能够满足一个欲望,她就毁灭了另一个:"如果我和你在一起,恐怕永远也不会单独留下你——但我想要独处的渴望仍在继续。"他写信给菲莉斯说。[39]

当英法译本把故事的题目准确地译成《变形记》时,奥维德的英译本《变形记》便掩盖了卡夫卡这个标题的实际意义,奥德维的标题更加接近生物学意义上的改良。卡夫卡在故事中呈现的是一个年轻人完全变成了他永远连想都不敢想的东西。库特·沃尔夫1915年出版这个故事的时候,书店封皮上是一个人惊恐地从一扇半开的门跑开。里面除了黑洞洞的别的什么都看不见。我们知道发生了什么:"一天早晨,格里高尔·萨姆沙从不安的梦中醒来,发现自己躺在床上变成了一只巨大的甲虫。"[40]变成一只甲虫是卡夫卡对自己身体的一种感觉。他曾经梦见自己是一只甲虫,在非常干净的旅店里看见过甲虫,而现在则要捕捉从人变成甲虫的那种焦虑。在为布伯写的一个故事中,他曾进行过相反的描写,即猩猩向人的转变,反映了欧洲犹太人自启蒙运动以来所走过的具有讽刺意义的路程。(他们真的是人,还是仅仅是人想象自身所是的人的幻象?)现在这个问题已经提出来了,如约瑟夫·K.突然变成了被告,人变成甲虫证明他真的改变了地位,还是他在现实中始终如此?

格里高尔·萨姆沙是一位有良心的旅行推销员,他似乎更关心要赶不上火车,而不太在乎自己的形变。格里高尔躺在床上注视着一个贵妇人的画,"一位戴着毛皮帽子围毛皮围巾的贵妇人,笔直地坐在那里,把整个前臂套着厚重的皮手筒伸向隔壁看画的人"[41]。这个形象,以其明显的所指《穿毛皮大衣的维纳斯》(1869),即列奥波尔德·扎赫尔-马佐赫(1836—1895)的男性受虐狂的经典故事,描写的是主人公进入昆虫状态的经过。他仍然住在父母家。17岁的妹妹格蕾特为他的懒惰而吃惊,因为办公室的秘书主任来询问他的情况了。秘书主任认为他在装病,威胁他们要去叫保险医生。他不可能真的生病。当他用下颌设法打开锁着的门而露面时,大家都惊呆了。母亲的反应是他病了,格蕾特必须马上去找医生。但没有能医治格里高尔变形的药。而且,格里高尔还在侃谈那幅画、门和公寓里的房客,仿佛他仍然是人,也就是说他"没病"。这就是他变成"真的昆虫"的开始。

当妹妹给他送来食物的时候,格里高尔意识到新鲜牛奶和面包难以下咽。而她给他的垃圾和生水他却狼吞虎咽。格蕾特明白这一切,很快就成了他在这个世界上唯一的亲人。父母想要把他当成一场噩梦而忘掉。然而,现在他已经没有能力养家糊口,父亲必须出去工作。这个事实把他从一个虚弱靠儿子养活的人变成了养家糊口的人。格里高尔放弃了他在家里的角色,一切又都"恢复正常了"。

随着时间的流逝,格里高尔越来越像甲虫了。他每天在墙上爬行。为了方便他爬行,格蕾特把房间里的家具一件一件地搬出去了。当她要搬走穿毛皮衣服的贵妇人的画像时,格里高尔"便急忙爬上去,紧贴在镜子上,那上面很平展,感到热烘烘的肚子很舒服"[42]。如果在变形的一开始,他就看到那幅画,明白令他从杂志上把它剪下来并镶上镜框的那股爱欲冲动的话,那么,现在它不过是墙上一个凉爽的地点,使他那昆虫的身体感到舒服些。格蕾特突然看到了他——他此前一直躲藏在家具后面——吓坏了,把一瓶腐蚀性药物撒在他身上。可是药物还是不起作用;那只能使他愤怒,离开了房间。他父亲现在"穿着时髦的带金扣子的蓝色制服",朝他扔苹果,赶他回自己的已是空荡荡的房间。现在家里管事的显然是父亲了。格里高尔已经成了怪异的负担了。

为了维持生计,家里不得不招进来一些房客。他们还雇了一个女佣人,接替格蕾特来照顾格里高尔。一次偶然的机会,当格里高尔听妹妹给房客拉小提琴,这是他人性的最后一点残余了。格蕾特开始抱怨,要求父母必须摆脱这个怪物,那已经不是他哥哥,而是一只大甲虫:"不能再这样下去了。……我无法在这个怪物面前说出我哥哥的名字,所以我要说的就是:我们必须摆脱它。"[43] 变形结束了——至少在观看者的眼里,因为他们认为,如果这真的是格里高尔,他会意识到人类不能与这样一个怪物一起生活,他会走开的。格里高尔回到自己房间,琢磨着这个"充满柔情和爱意"的家,凌晨三点的时候他死了。

第二天早上,女佣人发现了他,对家人说:"你们快来瞧瞧吧,它死了;它躺在那儿,完全没气了!"[44] 家人看到了尸体,萨姆沙先生说:"现在我们感谢上帝吧,"边说边划着十字,家人也跟着做了。(显然,卡夫卡家此时已经成功地皈依基督教了。)房客都被叫了出来。女佣人弄走了那尸体:父亲决定把她也辞掉。全家人乘电车去乡下商量他们的未来。他们要离开这套旧公寓,去改变他们的命运。当他们回来的时候,父母发现在格里高尔变成甲虫期间,女儿也发生了变化。她已经成了一个"有一副好身材的漂亮姑娘",无意识地想到很快就该给她找个如意郎君了。"当到达目的地时,女儿第一个站起来并舒展她那富有青春魅力的身体时,他们觉得这犹如是对他们新的梦想和良好意愿的一种确认。"[45]

人物质地变成甲虫的故事,年轻女孩长成女人的故事,一家人顺利度过经济难关的故事,以及他们的儿子在没有现代医学的帮助下在甲虫的王国里走向死亡的经历,所有这些都完全适合卡夫卡多元的、隐蔽的阅读模式。要记住卡夫卡在《判决》中对名字的机械得奇怪的解读——萨姆沙（Samsa）极易成为卡夫卡（Kafka）的同义语。但这个改造意味着什么呢？这是一种混合改造。西欧犹太人由于衰落而在自己社会中不发挥任何作用，这与在一个失调的家庭里改造儿子没有什么区别，再加上一个病态的（自疑的）父亲，被动的母亲，和进入性自觉期的妹妹。所有这些都在故事中出现，但它们又不是主导线索。总是可能以多种方式阅读这个故事，把你身处其中的文化社会所赞成的文化指涉填充进去。卡夫卡从事这种密码式的写作并不需要深刻的弗洛伊德心理学的知识。你只需对每日报纸上刊载的心理学理论或当代文学有足够的了解，比如弗洛伊德的朋友亚瑟·施尼茨勒（1862—1931）的作品，就能理解和明白这个家庭机制反映的中欧犹太人的文化政治。卡夫卡把一点点兄妹乱伦掺入了弗洛伊德的俄狄浦斯情结，并加入了犹太人的自蔑作为佐料。

一种永久的改造绝不是你之所为，但却是你理解自己的生活和世界的障碍，这个观念是对第一次世界大战中大规模屠杀的现代技术时代的评判，同时也是对卡夫卡的欧洲犹太人地位的评判。你不能控制自己的生活，恰恰因为生活在改变。这是《诉讼》的主题。但这对卡夫卡自己的生活具有更深刻的意义。它把他从不喜欢的工作中以及与他所恐惧的人、尤其是与女人的关系中解救出来。早在1914年6月14日，他就写信给菲莉斯·鲍威尔说:"这种健康状态也具有欺骗性,甚至欺骗了我;我随时随地都可能受到最细致最准确的想象的攻击,而且都是最防不胜防的场合。毫无疑问这是一种无法克服的自疑症,它在我内心里扎下了这么多这么深的根,致使我们要么站起来,要么倒下。"[46]

1917年搬进索伯恩宫后,他想象这是一个已婚男人住的地方。7月,卡夫卡再次向菲莉斯求婚,这次订婚持续到同年年末。当时的索伯恩宫被分成不同的公寓区(现在的美国大使馆)。自1914年离开家后,他所住过的公寓和房间遍布整个布拉格。

他终于找到了似乎适合他的自我感、他过去和现在的未婚妻菲莉斯·鲍威尔可能接受的一个住所:"我走进一家房屋介绍所,他们几乎立刻就告诉我在一座最美丽的宫殿里有一套公寓……这就仿佛实现了一个梦想。他去了那里。高大漂亮的房间,红色和金色,几乎与凡尔赛宫没什么区别。四个窗口俯瞰一个完全隐蔽的寂静的院子,一个窗口对着花园。多么漂亮的花园啊!进入宫门之后,你几乎不相信你的眼睛。"没有厨房,没有浴室——腐朽的辉光中的孤独。卡夫卡正是在这里最终染病的。刚刚患病后他就离开了那些潮湿发霉的房间。9月2日他写信给奥特拉说他已经关闭了他那"冰冷、发臭、有病态味道"的公寓:"我就这样离开了。最后一次关上了宫殿的窗子,锁上了门。这与死亡有什么区别啊。"他的确在走向死亡。卡夫卡的病证明不是"家族病"——既不是父亲的心脏病,也不是母亲家族的"癫狂"。他回到家里的公寓,住进了厕所旁边原来奥特拉住的房间,疾病再一次给他打上了失败的儿子和父母的"祷文吟诵者"的印记。他必须在父母死后为他们吟诵祷文。他"无法传承家族的姓氏……得了痨病,父亲已经清楚地看到了这一点,由于他自己的过错而染了病,他完全没有独立能力,所以当他寻找索伯恩宫那个不健康的房间时,他就再也不能离开别人的看护了"[47]。

1917年8月初,卡夫卡患上肺出血,每天清晨起床都要吐一口血。他一直保守秘密,挨到月底才告诉奥特拉。1917年9月9日,他第一次写信给菲莉斯倾诉他的病况:

> 我得了肺出血。非常严重;有十多分钟的时间血从喉咙里喷出;我以为它不会停止了。第二天我去看医生,这次和以后的几次他都检查了我的身体,做了X光;后来,在马克斯的坚持下,我去看了专家。根本不用细致的医疗检查,结果我的两个肺都患有肺结核。突然会得上这种病,我并不感到惊奇,吐血也没什么大惊小怪的;我多年的失眠和头痛已经使我患上一种严重的疾病,最终,我那备受虐待的血液喷发出来了,但是,这一切竟然归结为肺结核,在我34岁的时候竟然一夜之间被病魔打倒,而家族里竟然没有任何先例——这确实使我感到惊奇。可是我一定得面对这个现实;实际上,吐血之后我的头似乎不痛了。[48]

这成了他生命的隐喻(而这是卡夫卡的写作,而不是苏姗·桑塔格的写作)。他在1917年9月的一则日记中写道:

> 只要有一点可能,你就有机会重新开始。不要放弃。如果你坚持深挖自己,你就躲不掉堆积起来的脏物。但不要沉湎于其中。如果你的肺感染只是一个象征,如你所说,感染的象征,而其炎症叫做菲(莉斯),其深度就是深刻的证明,如果是这样的话,那么,医学的建议(光、空气、阳光、休息)就也是一个象征。留住这个象征。[49]

卡夫卡的肺结核对他来说是个解脱。这可以说是属于他自己的一种疾病,而不是来自父母的诅咒。他去见了家庭医生穆勒斯坦,他的诊断是粘膜炎。当问是否是肺结核时,他耸耸肩,意思是说每个人都有肺结核,如果是的话,打一针结核菌素就可以痊愈了。(那是肺结核杆菌的发现者罗伯特·科什发明的"魔幻子弹",可令人不悦的是它不怎么有效。)实际上,医生的观点在当时相当普遍。艾米尔·科恩海姆是当时医治肺结核最了不起的专家之一,他也注意到每个人都患有肺结核,但只有少数人显示症状。由于每个人都可能接触病原,所以,每个人的检查结果显然都是良性的。那么,为什么有些人会有症状呢?或者说,为什么有些人没有症状呢?实际上,由于职业的缘故,他完全明白常识所说的犹太人对肺结核有抗体,那是非犹太人的疾病。但是,在1916年那些寒冷、潮湿、饥饿的岁月,肺结核发病的比例急剧上升,尤其是在犹太人中。事实是,1913年到1917年,柏林死于肺结核的犹太人数增加了一倍,比总人口中增加的比例还大。1917年,东欧犹太人的比例也有相当大的增加。实际上,在所有人口中,尤其在犹太人中,那一年肺结核的发病率达到了顶峰。在威尔尼乌斯,1916年到1917年死于肺结核的犹太人增加了90%,1916年为208人死亡,1917年则增至496人。在毕亚里斯托克,1916年每1000个犹太人中就有46.6人死于肺结核,1917年则增至72.8人。在维也纳,1919年死于肺结核的犹太人比1913/14年高186%。原因是很明显的:罕见的严冬,城里食品短缺,尤其是东欧。住在透风阴冷的城堡里的卡夫卡当然比大多数人都危险。其发病如此之快还由于缺乏营养而导致的抵抗力低下。当9月4日他在马克斯·布罗德的坚持下去弗里德尔·皮克教授开办的大学诊所时,穆勒斯坦的诊断得到了证实。皮克建议他在疗养院住一段时间,接受当时的标准治疗,卡夫卡请了假。但他告诉父母他请假是"神经"出了问题。

9月9日,他写信给菲莉斯谈到患病的事。从那时起(如果不是以前的话),弗兰茨清楚地知道他的身体疾病就是他内心冲突的原因。当菲莉斯于9月中旬从柏林来到布拉格时,卡夫卡的内疚已经难以克制:"她是遭受几度折磨的无辜的人;我为她所遭受的折磨而感到内疚,而且我还是个折磨者。"现在菲莉斯成了德雷福斯。当她回到柏林后,卡夫卡写信给她,再次解除了婚约。"血液的问题不是肺部造成的,"卡夫卡写道,"而是一个斗士给了我致命的一刀。"[50] 她突然从他的生活中消失了,卡夫卡哭了,在布罗德的办公室里痛惜他给她的待遇。卡夫卡与奥特拉住在乡下,一直到 1918 年 4 月。当菲莉斯于 1919 年终于结婚时,新郎不是卡夫卡,而是柏林的一个商人,但她从未忘记他,甚至当和家人一起离开欧洲和纳粹而逃亡美国的时候,她还带着他写给自己的卷帙浩繁的情书。那是真正的美国,而不是卡夫卡的幻想。

弗兰茨·卡夫卡,长久以来担心他会患病,现在真的病了,而且是一种既具有文化意义(即便你没有到达瑞士诊所的魔山)又具有个人意义的疾病。那他是如何实际应付这种疾病的呢?

病魔缠身

关闭索伯恩宫的房间,搬回父母的公寓,这意味着承认自己患病了。卡夫卡离开了布拉格,而且,如我们所看到的,也逃避了对菲莉斯所负的责任。从1917年年末到1918年4月,他住在波希米亚西北的居劳农场里,那是妹妹奥特拉与非犹太人雅各布·大卫(1891—1962)共同拥有的。(他们的两个女儿薇拉和海伦娜是在20世纪20年代初出生的。生病后,弗兰茨便在他们的关系中扮演了孩子的角色。)在那里,卡夫卡开始阅读克尔凯郭尔,写出了关于"最后一些事情"的一系列格言。在11月中旬写给布罗德的一封信中,他说福楼拜是对的,有些人就生活在现实当中。就如同每一代人都隐藏着36位正义的犹太人一样,也许有些人(这里他指的是他自己)的生活在痛苦中才更加真实。菲莉斯最后一次来访使他一直沉浸在这种情绪之中。而正是奥特拉设法使哥哥的情绪稳定了下来。弗兰茨与这位意志坚强的妹妹关系甚好,她常常和父亲发生争吵,直到他抓着前胸,靠心脏病发作来赢得他们的争论。他曾经参与父亲的生意,做记账员。正是赫尔曼让弗兰茨参与了石棉厂的管理,而那对每一个人来说都是一场灾难。他与弗兰茨的争论很少是以儿子的胜利告终的,因为他总是有一张王牌:他会说,你让我跳了进来,然后又"弃我于危难之中"[1]。1918年5月初,卡夫卡回到事务所工作。短篇故事的手稿在库特·沃尔夫的书桌上已存放多月了,沃尔夫曾和埃里克·瑞斯和恩斯特·罗沃尔特提起过。沃尔夫突然将其付梓印刷了。

卡夫卡的病开始更加公开地进入他的写作了。他病后写的许多作品都非常复杂地指疾病和死亡,但这也是他在吐血之前就写过的主题。1919年,他出版了以《乡村医生》为题的故事集,但这可能是写于1916/1917年的战争期间,是在确诊为肺结核之前(当时也是布拉格肺结核发病率急剧上升的时期)。这本故事集是题献给父亲的(不带任何讽刺意味),希望即便不能达到和解,但至少也表示他努力要达到和解的一个愿望:"我要做点什么,也许不是定居巴勒斯坦,但至少也要用手指在地图上到那里旅行。"题名故事1918年首先在一个文学年鉴《新写作》上发表,如《变形记》的核心方面所示,这个故事讲的也是一次没有成功的医治,以及现代西方医学的毫无意义。我们从故事的开头说起:一天晚上,乡村医生,实际上就是地区的卫生官,外出急诊。当他迷路不知如何去病人家的时候,一个马夫突然出现了。接着,一匹一匹神奇的马从早已废弃的马圈里跑了出来,拉起了他的车。他刚要启程,马夫突然转向女仆罗莎:"然而,她几乎还没到他身旁的时候,马夫就抱住了她,用他的脸贴着她的脸。她尖叫着向我跑来,面颊上留下了两排红红的牙齿印。"[2] 面颊上的牙齿印是人物身体出现毛病的最初迹象:什么地方出了毛病。故事中讲述的疾病明显是破坏的迹象,因为没有病人的召唤,就不会发生那些魔幻般的事件。通过乡村医生的眼睛,我们看到罗莎面颊上的痕迹,我们知道它们是怎么出现在那里的——马夫亲口咬的。但是,这当然仅仅是近似的原因,写在身体上的迹象。最终原因似乎是病人的病。关于病因的诊断在故事的这个阶段是失败的。

当医生威胁要打马夫时,他内心里也明白(如我们也明白一样)马夫是来帮他找病人的,因此不能惩罚他,因为(根据希波克拉特所说)必须以病人为重。叙述者在描述他的内心活动时向我们透露了这个想法。所以,他不得不把罗莎丢给马夫,而让马儿带他到了病人家里。性、破坏和疾病都在女仆的面颊上联系起来了。这个形象也表明西方医学的问题,它代表启蒙运动的理性而试图理解它在复杂的社会中起到的多元作用。

当医生魔幻般地来到了病人家里时,他向我们叙述了病人的情况:"憔悴,不发烧,不凉,不热,眼睛里空空的;没穿衬衫,小孩在羽绒被子里拼命坐了起来。"[3] 进行了身体检查之后,医生草率地说病人是装病,但他的家人逼着他做进一步的检查。这时,他发现了肿瘤:"在右边,靠近臀部的地方,有一块像我的手掌一样大小的溃烂的伤口。呈玫瑰红色,但各处深浅不一。凹处呈深色,边上颜色较浅,呈微小的颗粒状,还不时地出现凝血块,好像是露天矿的表面一样。"[4]这看上去既是梅毒,又是肿瘤腐烂的伤口,至少从文学的角度看是如此。这是神话中圣杯王的伤口,将由骑士帕西法尔来医治(背景中还伴有理查德·瓦格纳的轻音乐)。腹股沟处的伤口标志着疾病、性和破坏。玫瑰红的颜色在视觉上和直义上将其与女仆的面颊联系起来。这种视觉联系是由颜色本身和词的视觉化而联想起来的。医生现在感到下不了手。这个病人无药可救了。当病人要求放弃医治而宁愿死时,医生突然由此而想到了另一个无法补救的病例,即丢在110英里以外的罗莎。

他继续检查伤口。他又找到了无法医治的证据。伤口里"都是像我的小手指一样大小的蛆虫"[5]。伤口里的蛆虫在医生眼里是腐烂的迹象,从现已敞开的肿瘤来看病人必死无疑。这种看法当然是错的。他是那些魔马和魔术师一样的马夫送到病人床边来的,他的目的不是发挥西方医学的威力,而是萨满教的医治权威。他进入的医学界是民间医学。他那些现代的、文明的西方技术可能完全无用,这不是由于医学内部固有的问题,而是由他自己对这些技术的模棱两可造成的。错不在医学,而在医生。他带到乡村农舍里的医学模式使他错误地理解了蛆虫的意义。蛆虫疗法是清除溃疡面的古老的民间(和现在的临床)疗法。在卡夫卡写这个故事之前,至少一直是四百多年来民间医学中一种有效的清创术。到 20 世纪 20 年代，蛆虫疗法已经成为临床实践的组成部分了。民间医学与临床实践之间的线索总是不牢靠的，但从临床医生的角度看，却总是需要区别于"江湖骗术"的。医生对这种民间疗法的错诊表明他唯一的角色就是给这个孩子进行魔法治疗。孩子的家人把他抬了起来，放在病人的床上，让他以魔法温暖和治疗孩子的伤口。当他躺在床上时，孩子对他说："我对你没有信心。怎么，你只是被扔到这儿的。你不是走着来的。"[6]在反犹太人的想象中，犹太人因为脚而不能参军，所以，犹太人的脚也是跛脚的、长着羊蹄的魔鬼的畸形脚，他曾经用这样的脚吓唬艾利斯的女儿："我还用跛脚吓唬戈蒂（卡夫卡的小外甥女）；畸形足的恐怖。"[7]受伤的脚这个意象突然出现，明确指出医生如此依赖西医，以至于他对疾病无能为力。

卡夫卡的乡村医生希格弗里德·洛维是主人公的原型，但描写疾病和身体衰落的词汇却取自他自己的世界。怎么能不是这样呢？所切除的是卡夫卡笔下属于犹太人的那部分身体。其余的都留了下来。卡夫卡通过去除种族性而把它文本中的文化话语普遍传播开来，这恰好与托马斯·马萨里克在建立捷克斯洛伐克共和国时所用的语言相偶合。《凡尔赛条约》签署之后，犹太人成了"民族的"而不是"宗教的"少数民族。这样，他们就能够参加政治代议制，但也因此不被看做天主教、新教和自由教会的信徒了。他们又一次得到了改造。一些同代人，如理查德·比尔-霍夫曼和阿诺德·茨威格，都走向了反面，以犹太性为主题，卡夫卡则公开把犹太身体从作品中排除出去。当然，剩下的则是没有种族所指的空洞形象。然而，犹太身体会出现在对他的文本的当代解读之中。性与梅毒的关联，特殊性情与特定形状的肿瘤之间的关联，是世纪交错时期关于犹太身体传奇的组成部分。另一个非常有力的关联是作为医生的犹太人形象，充斥于当时的反犹太文学以及像亚瑟·施尼茨勒这样的犹太医生的作品当中。

在卡夫卡的乡村医生的故事中，犹太所指完全消失了。然而，顺着卡夫卡对弗洛伊德梦论的解读，还是可以看到这种所指的痕迹的。我们且来想象卡夫卡自觉地采用弗洛伊德的某个模式，而不是认为这全然是一个无意识的过程。卡夫卡清楚地知道他的文本将成为先锋文本，他努力建构的模式是对他的文本的解读，他不是具有全部反犹太色彩的反犹太作家，而是一个"现代"作家。他所勾画的形象是他希望远离的形象。它们出现在一种公开的语言之中：面颊上的肿瘤，腹股沟的伤口，都标志着疾病的存在。医生的模棱两可和对所看到的民间医学的无知（并成为其组成部分）反映了陷入两军对垒之间的矛盾感。一方面是声称犹太人已经开化为理性的存在，倡导一种预示了现代医学的"科学"宗教。另一方面是世纪交错时期中欧犹太人求异的愿望，要以自己的方式表达他们的犹太性，甚至沉湎于非理性和魔幻之中。列奥波尔德·扎赫尔-马佐赫，格利高里·萨姆沙最喜欢的作品的作者,于1892年就在《两个医生》中呈现了这种二分法,他的主要文本论述了奥地利犹太人的本性,对两种类型进行了对比和调和。对他这位晚期启蒙(和非犹太人)的作家来说,"现代"医学是民间医学的实践者所认可的,并"赢"得了这场竞争。卡夫卡这一代犹太人对此已经不再抱有稳固的信念了。古老的信仰和习俗已经丢失的真理也许就在于,对于现代犹太人来说它们的特殊性比归化还要重要。在《乡村医生》中,卡夫卡也用医生作为理性与非理性之间冲突的模式,但哪一方最终取胜则是明显的。非理性力量终将取胜,因为医生不能透过理性的透镜理解他所看到的一切。这也是卡夫卡这一代犹太人所面临的困境。他们在作品中体现了对非理性、对弥赛亚、对凡尘中超验力量的渴望。

战争结束后,布拉格的一切都要重新思考。在公共方面,卡夫卡又回去工作了,很快就会成为捷克的公务员。他的病体意味着他现在可以申请离职,就像格里高尔·萨姆沙,并申请养老金。他于1917年9月6日第一次提出申请;在无数次越来越严重的延期病假之后,1922年7月他的申请终于得到批准。1918年秋,他逃过了第一轮(而且是不太严重的)"西班牙流感",有数百万人死于这次流感。同时,他私人生活中的冲突越加恶化。1918年年末,母亲把他带到了养老院,这是专门为肺结核病人开设的,在布拉格西北山区埃尔比河附近的一个小城里。在那里,他遇到了年仅30岁的朱莉·沃瑞扎克,来自布拉格的一个鞋匠和教堂保护人的女儿。在弗兰茨眼里,她似乎属于"女店员"一族,不太聪明,不太有吸引力,但随叫随到。"不是犹太人然而又不是完全不具犹太性,不是德国人然而又不是完全不具德国性,疯狂地看电影,看轻歌剧和喜剧,抹胭脂戴面纱,总的说来无知、快活而没有忧愁。"[8]她也病了。1919年春,他们订了婚,将于那年11月结婚。父亲极力反对这门亲事,因为她社会出身低下。据弗兰茨所说,父亲大喊起来:

> 她可能是穿着一件非常时髦的紧身上衣,也就是这些布拉格犹太人所喜欢的那种,当然,你一看到她就决定和她结婚,而且是越快越好,一个星期,明天,今天就结婚。我真不懂:毕竟你是一个成年人了,你住在城市里,你不知道做什么,就知道和第一个遇到的女孩子结婚。你就不能做点别的什么吗?如果你害怕,我来陪你好了。

这番叙述写在了1919年未寄出的"致父亲"的信中,当时,卡夫卡与赫尔曼的冲突达到极点,至少在弗兰茨的眼里是如此。1919年11月,他回到了歇尔森,写了给父亲的这封信,长达60页(印刷页),总结了他的生活和损失——把他每日的恐惧都归咎于现已年迈和力衰的赫尔曼。他要把《乡村医生》题献给他试图但并未驱散的那些鬼魂。与朱莉的订婚结束了。卡夫卡想要与她保持某种联系,但看到婚姻并不是他们之间关系的合理解决——因为她的病。卡夫卡推迟了1919年11月的婚礼，在 1920 年 7 月又正式解除了婚姻。父亲似乎再次取得了胜利——但是，卡夫卡小心翼翼地创造了一个必胜的父亲，弗兰茨本人就能避免一个难解的关系。而这对他来说是典型的犹太关系，即便用精神分析学来分析的话，如在本书开头所提到的。卡夫卡的生活似乎与他于 1921 年 6 月描写的布拉格犹太人的生活相似："精神分析学把重点放在了父亲情结上，许多人发现这个概念已经产生了丰硕的知识成果。在这种情况下，我喜欢用另一种说法，其主旨不是围绕一个无辜的父亲，而是父亲的犹太性。"有这样一个父亲是件好事，甚至是必要的——如果你是弗兰茨·卡夫卡的话，而在 1920 年 11 月布拉格街头发生了 10 年中最激烈的反犹太人暴乱。卡夫卡写信给米丽娜·杰森斯卡说："离开一个你如此痛恨的地方难道不是很明显的途径吗？……住在一个痛恨你的地方的这种英雄主义也就是厕所里无法灭绝的蟑螂的英雄主义。"[9] 他指的是布拉格，不是自己的家——但二者经常是可以互换的。他再次感到自己就是德雷福斯，"始终生活在被保护的耻辱之中"。

1919 年，卡夫卡接到了 25 岁的米丽娜·杰森斯卡－波洛克（1896—1944）的一封信，她是信奉基督教的捷克人，想要把《司炉》译成捷克语。她（不顾父亲的反对）与德国犹太人波洛克结了婚，成为维也纳严肃先锋艺术的组成部分。她声称前一年在布拉格见过卡夫卡，尽管他只模糊地记得有过这样一次相遇。

卡夫卡在底罗尔疗养院的时候曾经与她进行过一次高强度的交流。在通信往来的过程中，他终于放弃了与朱莉结婚的念头。最后于 1920 年 6 月 29 日到 7 月 4 日之间来到维也纳。至少根据他的信件，他们的林中散步成了他们之间关系的顶峰。回到布拉格后，他又和朱莉同居。他对她说爱上了米丽娜。她崩溃了，想要写信给他的新欢。当米丽娜回信的时候，他与朱莉的关系已经结束，她也从卡夫卡的生活中消失了，就像过去那么多年轻女人一样。

卡夫卡写给米丽娜的信，就如同给那些年轻女人的信一样，充满了热情和胆怯。他用德语给她写信，但坚持让她用捷克语回信：

> 不，米丽娜，我再次恳请你创造一次让我给你写信的机会。你不能白白地去邮局，甚至你的小邮递员——他是谁？——也不必，更不必问那里的女邮递员。如果你找不到别的机会，那就忍耐一下，但至少努力去寻找一个机会。昨夜我梦见了你。至于到底发生了什么，我都不记得了。我所知道的一切就是我们不断地相互融化。我就是你，你就是我。最后你好像身上着了火。记得有一个人用衣服扑灭了火。我拿着一件旧外套，用它抽打你。但变化又开始了，如此之大甚至你已经不在那里了。这次是我身上着了火，也是我用那件外套灭火。但抽打不解决问题，只证实了我早就有的一种恐惧，这种东西是不能灭火的。但与此同时，消防队来了，你得救了。但你和以前不一

样了,幽灵,仿佛用粉笔写这黑夜里一样,你摔倒了,没有了呼吸,或由于得救而高兴得昏倒在我的怀里。但这时不确定的变化又开始了,也许是我倒在了某人的怀里。"[10]

梦是她的身体,梦幻的身体比其肉体更加真实:"我看得更加清楚了,你的身体的运动,你的双手,那么迅速,那么稳重,那几乎是一次相遇,尽管当我试图抬头看着你的脸时,突然间流进信中的……是火,我看到的只有火。"但是,火并没有变成性。他们关系中的那个方面,"半个小时的床上生活——男人的事",如她所说,对卡夫卡来说显然是一种恐怖。他呻吟着(并意味深长地)说:"我们不会在一起生活,不会在一个公寓里,身体贴着身体,在同一张桌子上,永远不会,甚至不会在同一个城市里。"[11] 1920年7月,卡夫卡住在艾利斯的公寓里。米丽娜依旧安全地住在维也纳。据她写给布罗德的信,那个时候,构成障碍的并不是卡夫卡的病,而是就肉体不断剧增的一种焦虑。8月中旬的一天,他们在奥地利与捷克交界的格孟德再次见面。卡夫卡非常疲乏;回到布拉格时,医生嘱咐他去一家肺结核专科疗养院。卡夫卡断然拒绝,害怕这种疗养院的肉食和注射文化,"在那里,持着胡子的犹太医生对犹太人就像基督徒那样冷酷无情"[12]。依赖"现代医学"(和理性的犹太医生)的肺结核疗养院与他向往的"健康治疗"的世界相差得太远了。

卡夫卡的生活现在是在医院的往返之间度过的。1920年12月,他在斯洛伐尼亚的马特利亚里进行休息治疗;在1921年

8月前他一直在那里休息。他以为那里的女顾客基本是非犹太人，但很快就了解到社会隔离已经扩展到山区，他的大部分同伴都是犹太人。他采取了标准治疗肺结核的"休息疗法"：即威尔·米歇尔治疗神经衰弱和歇斯底里的休息疗法，要求吃大量的营养丰富的（蔬菜）食品，大量的牛奶和强制性的休息。弗兰茨继续与米丽娜交往，而米丽娜此时已经确信任何改善型治疗都无法抚平他的焦虑。年轻的匈牙利犹太医生罗伯特·科洛普陀克也患有肺结核。他和卡夫卡一起读克尔凯郭尔，并由于共同的兴趣而结为朋友。科洛普陀克开始照顾他了。8月中旬，弗兰茨给他在布拉格的上司写信说：

> 我是在床上写这封信的。本月16日我想回布拉格，但恐怕那是不可能的。连续几个月来我几乎没发烧，但星期天我醒来时却发烧了，38度多，今天仍在继续。可能不是感冒，但却是肺病中常见的、不可避免的。医生给我检查并发现我的肺部除了顽固的残余之外一切都好的，他们认为这次高烧算不了什么。然而，高烧不退我就得卧床。希望能在星期五退烧，然后我就将开始工作了；否则，我得卧床几天，那样的话，我就得看看医生的报告了。这次我的体重减了许多，对我来说比较惨，因为在这么长的假期过后，我甚至不能完成最小的工作量。

1921年8月29日，在体重增长近20磅后他又开始工作了。

他继续写信给米丽娜,现在开始谈论与任何女人建立关系的不可能性:"显然,就我的尊严而言,就我的骄傲而言(不管他看上去多么卑贱,狡猾的西欧犹太人!),我只能喜爱我无法企及的高于我之上的东西。"[13]这里,我们看到的是深陷于既苛求又进行改造的各种义务之间的卡夫卡。再次与父母一起生活,逃跑似乎是不可能的了。

尽管(或由于)生活一直动荡,卡夫卡重新开始写作,写出来一系列短篇故事,其中许多反映了他的"焦虑"和疾病。《最初的痛苦》、《小妇人》、《饥饿艺术家》和《约瑟芬,女歌手或耗子的民族》都收在题名为《饥饿艺术家》的集子中。所有这四篇故事都是对疾病和死亡的寓意描写,都曾在以前的作品中出现过,但更鲜明地增强了卡夫卡对自己肺结核体验的意识。题名故事深深根植于这样一种现实,即过去曾经盛行一种由著名的"杂耍演员"举办的大型马戏表演,这些演员将不吃不喝,然后进行饥饿表演证明他们不吃东西。卡夫卡在故事开篇就说:

> 在过去的几十年中,人们对职业禁食的兴趣明显减小。从前自行举办这种大型表演的收入是相当可观的,但今天则是不可能的了。我们现在生活在一个不同的世界上。曾经有一段时间,全城人都对饥饿艺术家兴趣盎然;他们的饥饿表演一天接着一天,人们的兴趣则与日俱增,每个人至少每天都要观看一次;有些人还买了长期票,在表演的最后几天里从早到晚连

续坐在小小的铁栅笼子前观看。[14]

但是,这里"艺术家"饥饿的身体结果并不是自我控制的产物,不是艺术的产物,而仅仅是必然的产物。故事结尾时,当人们不再对这种艺术形式感兴趣的时候,他们抛弃了仍然在笼子里忍饥挨饿的艺术家:

> "你还不吃东西?"管事问。"你到底什么时候才停止呀?""请诸位原谅。"艺术家小声说,只有耳朵贴着栅栏的管事才听懂了他在说什么。"当然。"管事说着用手指摸了摸额头,以便让仆人们知道这个人现在的状况。"我们原谅你。""我一直想让你们欣赏我的禁食。"饥饿艺术家说。"我们很欣赏你。"管事友好地说。"但你们不应当欣赏。"饥饿艺术家说。"好吧,那我们就不欣赏。"管事说,"可为什么不应当欣赏你呢?""因为我必须禁食,我没有办法控制。"饥饿艺术家说。"你真是个怪人。"管事说,"可你为什么不能控制自己呢?""因为,"饥饿艺术家说着,微微抬起头,仿佛要亲吻一样撮起双唇,凑到管事的耳边,惟恐管事漏听了一个字,说,"因为我找不到我喜欢吃的食物。如果能找到,请相信我,我不会这样惊动视听,会和你以及大家一样吃得饱饱的。"[15]

《饥饿艺术家》重现了关于身体的禁闭、暴露、景观和消瘦的焦虑,以及关于成为人注定要成为的东西的焦虑,它把这种焦虑透射到饥饿艺术家的现实之上,这些饥饿艺术家实际上是世纪交错时期狂欢的杂耍演员。这种焦虑成了充斥整个故事的积极品质,然而,人们还是能从这种颠倒中读到卡夫卡所压抑的全部焦虑。卡夫卡笔下的杂耍演员最终证明是个变态者——他无法控制自己的行为,他必须成为他命中注定要成为的人,一个饥饿艺术家。这里,卡夫卡不是通过艺术家的代理来唤起对饥饿仪式的联想,而是因为艺术家的身体所具有的一种编程能力,正因如此,他才无法控制自己的身体。这就是格里高尔·萨姆沙的进食问题——也许是卡夫卡本人的进食问题。这是此人物患的一种特殊形式的厌食症,听从他所属的文化所理解的身体和精神的指挥。他的身体显示了犹太人或肺结核患者的疾病意向。故事的结尾强化了对必然性的恐惧感。主人公的死以及在现已打扫干净的笼子里换上的豹子使人想起雷纳·玛丽·里尔克的诗《巴黎动物园里的豹子》(1907),诗中,豹子的眼睛睁着:"那眼球的百叶窗不时地/拉开:一个形象进入,/穿过绷紧的身体的/极度静寂——终结在他的心里。"卡夫卡的故事立刻引起轰动。1921 年 11 月,《新评论》(*Neue Rundschau*)发表一篇题为《作家弗兰茨·卡夫卡》的文章,预言这个作家不久就会写出新的东西来。1922 年夏,卡夫卡便把《饥饿艺术家》寄给了这个杂志的编辑鲁道夫·卡耶塞。

1922 年 1 月初,卡夫卡经历了一次"神经衰弱",似乎使他完全消瘦无力。一个医生已经建议他用休息疗法治疗肺结核,他于 1921 年 10 月 29 日开始了这种治疗。为了进一步恢复身体，他于 1922 年 1 月去了靠近波兰边境的斯宾得尔穆勒（现在的斯宾德勒鲁夫·米林），在那里，他又开始了一部小说的写作，3 月 15 日就给布罗德读了小说的第一部分。到达山区的那天晚上，他在日记中写道："写作那奇怪的、神秘的、也许是危险的、也许是具有救赎力量的安慰。"两部小说的断片早已经有了：《美国》和《诉讼》。7 月 1 日，他正式领取了养老金。此时，《城堡》的最初几章已经完成。

故事讲述了土地测量员约瑟夫·K.的经历，以复杂的方式细述了卡夫卡的寓言《在法律面前》。K.在寒冬的一天夜晚来到一个村庄，他似乎是城堡里的权威们雇佣的，但他甚至能在所住的旅馆里看到城堡。他通过比较复杂的渠道了解到这个城堡是由不同等级的官僚构成的，在他和威斯特威斯伯爵之间是主事和副主事，这位伯爵可能就是他的雇主。白天的时候，他能看到他所认为的城堡——乱糟糟的一堆石头建造的房子和一座塔楼。当要求进入城堡时，回答始终是不允许。不久，城堡派来一个信使巴纳巴斯，给 K.带来来自城堡官员克拉姆的一封信，信上说他的确被接受了，应该报告给办公厅主任，主任将给他分派任务。

克拉姆似乎是城堡里最有权威的代表，至少是酒馆里的权威。他的情妇弗丽达勾引 K.，K.答应和他结婚。但是婚姻并不是 K.要解决的问题。他被告知土地测量员的工作数十年前就宣布了。甚至在那时就不需要什么人了,但是档案弄丢了,这个案例就成了城堡官僚中的一个难题,在不同部门之间推来推去。然而,K.注意到他到达这里的那天夜里,有人证实城堡里有他要做的一份工作。

K.等的时间越长,他就似乎越不可能被雇用,甚至越不可能找到了解他被雇佣的情况的人。这种不可能性得到了证实:他接到一封信,信上说城堡对K.作为土地测量员的工作非常满意,对他的助手的工作也非常满意,他应该继续努力。现在,K.的生活主要是弗丽达和寻找进入城堡的门径。他自己的焦虑影响了与弗丽达的关系,即使他与她同居只是由于她与克拉姆的关系,并希望通过这种关系进入城堡。最终K.抛弃了弗丽达,弗丽达又回到旅馆里做原来的工作了。但K.的寻找没有结束。他开始找一个叫埃尔朗格的官员,却在无数道门的后面找到了一个叫比尔格的人,他打着奥地利的官腔对K.说,你不必等着通过各个官方渠道解决你的案子,那将要永远等下去,而你可以随意地走进另一个官员的办公室,把案卷交给他,他会帮助你,他不能拒绝你。但这当然是不可能的。K.漫无目的地回到酒馆,又开始了寻找。卡夫卡告诉朋友马克斯·布罗德小说的结尾:K.由于要进入城堡的那些徒劳的努力而筋疲力尽,他将躺在病床上,床边围着村民们。当快要咽气的时候,他接到了城堡的来信,信上说虽然K.提出住在村子里的要求不能生效,但是,考虑到实际情况,会允许他住在那里,并找份工作。与《在法律面前》的结尾相同，这个通知来得太迟了，只能使人感到寻求人生和工作的意义总是徒劳的。

城堡的孤立，K.要进入城堡的徒劳努力，只是简单地颠倒了疗养院给人带来的焦虑和诱惑。卡夫卡几乎每一个假期都去成人疗养院，他了解作为病人接受治疗的诱惑，即使是在身心俱病的情况下亦然。作为自愿病人而生活的安慰效果带有一种无病呻吟的颤抖。当你真的病了，当来去的选择已经不能由你自主的时候，那完全是另外一种情况了。强制性灌输和强制性治疗肺结核刚好在卡夫卡自己病倒的时候才在奥地利和捷克斯洛伐克成为现实，了解这一点非常重要。《城堡》代表一个以性为中心并使性得到高度强化的世界，与托马斯·曼于同时发表的《魔山》(1924)中疗养院里的医学神话相类似。曼的小说是根据1912年5月15日到6月12日他在瑞士著名的达沃斯疗养院的四个星期的经历而写的（当时有大量的关于肺结核的文献）。这是模仿1854年赫尔曼·布莱赫默为肺结核病人建造的空气治疗医院而建造的"现代"疗养院。这些医院很快就以休息疗法而成为腐败堕落之地，如同卡夫卡笔下K.所住的酒店——而非城堡——的形象。卡夫卡去过的疗养院往往是酒店或"招待所"而不是全套服务、由医生管理的疗养院。K.所生活的世界到处给人一种不可进入（逃离）的感觉，而只有集中的接近（逃离）城堡周围的欲望。实际上，城堡在山顶上隐约俯瞰酒店和村庄的物理存在暗示了"现代"疗养院的孤立，这样的疗养院成了卡夫卡世界上的医治场所。

卡夫卡越来越明白他自己已经无法进入这座城堡了——不管那对他意味着什么。显然,那是他感到他所属的社会,但这个社会很快就把他视为敌人。1922年,卡夫卡读了汉斯·布吕埃尔论述这个话题的小册子《脱离犹太》(*Secessio Judacia*, 1922)。布吕埃尔(1888—1955)曾经是弗洛伊德的信徒,但由于弗洛伊德的犹太性而断绝了与弗洛伊德的关系,成为德国青年运动的坚决捍卫者,支持该运动的同性恋倾向。1922年3月15日,卡夫卡写道:"对这本书的反对意见:他使其流行起来,以一种意志,此外——还以魔力。他如何逃离了那些危险(布吕埃尔)。"[16] 然后,卡夫卡给布吕埃尔回信道:

> 1922年6月16日。除了你的哲学思想和幻想力所造成的无法克服的困难外,人们还因此陷入一种困难的境地,人们所说的每一句话,想要嘲讽地把这本书的思想搁置一边,都很容易受到嫌疑。即使在我的情况下,除了嘲讽再没有什么可以表达的思想了,也要招致怀疑。评论他这本书存在的这一难点还遇到了布吕埃尔自身所难以逾越的另一个困难。他自称是一个没有仇恨的反犹太主义者,而且他的确是;然而,他很容易招致怀疑,几乎他说的每一句话都会使人认为他是犹太人的敌人,无论是出于高兴的愤恨还是出于不幸的爱。这些难点就好比自然的顽固事实相互冲突,必须注意这些难点,否则在反思

这本书的时候，你就会犯这些错误，在一开始的时候就难以进展。据布吕埃尔所说，你不可能以还原的方法，通过统计学、通过诉诸经验来驳斥犹太教，这些旧的反犹太主义的方法不可能战胜犹太教；所有其他民族都可以用这些方法来驳斥，但不是犹太人，上帝的选民；对于反犹太主义者的每一个特定的抨击，犹太人都能够给以特殊的回敬。布吕埃尔当然做的是非常肤浅的关于这些特殊抨击和回敬的研究。仅就他仅仅涉及犹太人而非其他民族而言，他的认识还是真实而深刻的。布吕埃尔由此得出两个结论，一个是完整的，另一个是片面的。[17]

卡夫卡的评论在此中止了。由于不能继续评论，卡夫卡于1922年6月30日写信给朋友罗伯特·科洛普斯托克说：

《脱离犹太》。你不想就此写点什么吗？我不能写；我一拿起笔，手就立即停下来，即便我和别人一样有很多话要说。我的祖先中也肯定有信奉塔尔木经者，我希望如此，但他没有给我足够的胆量继续下去，所以我想让你去做。这不该是一次拒绝，而只是一个回应。那应该非常有吸引力。而且让你的牲畜在这个德国人身上啃草也的确很有吸引力，但这又不全然是一片外国草原，是模仿犹太人的。[18]

这里，卡夫卡模仿的是早期作为弗洛伊德信徒的布吕埃尔的修辞风格，像犹太人一样辩论的雅利安人，却又强调自己的犹太性来抵制布吕埃尔虚伪的"德国性"。然而，这种"德国性"却是卡夫卡和科洛普斯托克所共享的;这"不全然是一片外国草原"。据卡夫卡所说,布吕埃尔的情况是他对犹太人的一种"快乐的仇恨或……不幸福的爱",体现为"非常肤浅的关于这些特殊抨击和回敬的研究"。

卡夫卡在这番话中没有提到布吕埃尔强调提出犹太人肤浅的西方化。对布吕埃尔来说,犹太人仍然是"东方人",不管他们在身体上经历了多大的变化。他们为过去的历史感到遗憾,他们曾经一度离开了西方社会。布吕埃尔的小册子强有力地指出了犹太人的种族类型:"犹太人是唯一一个模仿的民族。血族的模仿,名称的模仿,身体的模仿。"[19] 这里,布吕埃尔仅仅使用了当时的"科学"思想家的词汇,如沃纳·松巴特的词汇,后者在《犹太人与现代资本主义》(1911)一书中指出,犹太人的身体天生就是不可改变的。松巴特的不可改变性的说法与他描画的犹太人模仿的形象并不矛盾;在他看来,犹太人代表不可变的可变性:

> 犹太人适应能力的驱策力当然是所有事物的目的或目标。犹太人一旦确定了他将遵循的路线,其余的就相对容易了,而他的灵活能力只能使他的成功更加牢固。犹太人究竟有多么灵活肯定会令人大吃一惊的。他能够按自己最喜欢的样子打扮……最典型的例子是美国,那里的第二代和第三代犹太人已经很难与非犹太人区别开来了。无论多少代人之后,你都可

以指出哪个是德国人,哪个是爱尔兰人、瑞典人或斯拉夫人。而犹太人,虽说他的种族特征仍在,但能成功地模仿扬基人,尤其是像服装、穿戴和特殊的发式等外部标志。[20]

对布吕埃尔如对松巴特一样,犹太人的心理机制没有变,尽管他们的身体(和发式)似乎在发生变化。改造是可能的,约瑟夫·K.努力要找到城堡,但结果却与往常一样,除了表面之外一切都没有变化。犹太人堕落的物质主义思想使他们当中力主提出看似普遍而本质上却仍然是犹太观点的人感到不安。然而,"犹太人弗洛伊德"以及他的身心对应的观念只代表了这种堕落的犹太思想的最现代的版本。[21]这在斯宾诺莎的《伦理学》中早有论述,身体和精神是等同的。对斯宾诺莎如对弗洛伊德一样,身体发生的事是因为它在精神中已经发生。"有精神的地方就有身体。每一个观点都有身体的对应。"[22]精神与身体的等同,卡夫卡对自我和疾病的理解中的核心主题,不过是犹太人一个"诡计",他们要让雅利安人相信他们的精神和他们的身体是完全地、物质地联系着的。表面上看起来是"中立的"论证模式,身心健康的模式,在卡夫卡这里被揭示为"犹太性"。甚至这一点,他的最后的避难所,也被反犹太分子打破了。

1922年4月17日,卡夫卡提出延长假期,他在父母的公寓里写作,同时努力恢复健康。到6月7日,他的身体恶化,以至于提出退休,他的申请终于被批准了。1922年7月1日,他结束了捷克公务员的生活,搬到普拉纳,奥特拉现在居住的鲁什尼茨河畔的一个小村庄。他在这里继续忙于《城堡》的手稿。最后,他把未完成的、往往混乱的手稿交给米丽娜保存。

1923年7月,卡夫卡决定结束这一切,与妹妹艾丽和孩子们一起去波罗的海的穆瑞茨疗养院度假。在那里,他不知不觉地观察起一伙"东欧犹太人,他们是西欧犹太人从柏林危险的处境中拯救出来的。白天和夜里,疗养院、森林里和海滩上到处都能听见歌声。我在他们当中时并不高兴,但也在高兴的边缘了"。[23]这个夏令营是希格弗里德·列曼组织起来的,列曼是柏林犹太人教育的领袖之一,他要把城内的东欧犹太人的孩子们从市中心的犹太移民区带到健康的乡下去。这种"预防措施"是有意减少城内肺结核发病率的。据给马克斯·布罗德的一封信上说,卡夫卡在这里看到的都是"健康、快乐、蓝眼睛的孩子们",[24]但据给罗伯特·科洛普斯托克的信说,他们也是"讲希伯莱语的、健康的、快乐的"孩子们,[25]卡夫卡在观察这个夏令营的时候已经接近快乐的边缘了。

这些讲意第绪语的孩子们在夏令营里学希伯莱语,他们间接地把卡夫卡介绍给了一个辅导员,25岁的朵拉·迪曼(1898—1952)。她来自波兰中部洛德兹附近的一个小镇,曾经在格雷拉比的倒数第二个法庭里接受教育,格雷是以撒·梅尔拉比于19世纪中叶在戈尔建立的哈希德教派的一个神秘领袖。朵拉的父亲是贝德赞犹太教堂的主事。因此,意第绪语是她的母语。

她也娴熟地掌握了希伯莱语，因为他与贝德赞的一个年轻的犹太复国主义者订了婚，但这个年轻人所属的组织却遭到了她父亲和哈希德教派的反对。年轻时，她被克拉考东正教第一女子学校录取，但她从那里逃到了布勒斯劳，从此参与俗界，并学了德语。

1923年夏，朵拉被希格弗里德·列曼在柏林的犹太人疗养院雇用为辅导员；弗兰茨曾于1916年建议菲莉斯自愿从事的行业，那时，他试图说服她与他订婚，并刚刚发现了自己无法改变的犹太身份。菲莉斯·鲍威尔从未自愿做过这类工作，而更重要的是，她成了性政治的倡导者，马克斯·布罗德在"致加利西亚女生的信"中（1916年在布伯的《犹太人》上发表）清楚地讲到了这种性政治："我们西欧的犹太女性要么浅薄和孤陋寡闻，否则……就神经质、暴躁、自负、绝望、孤独……加利西亚女孩总起来说要比我们的女孩新鲜得多，精神上比较充实，也更健康。"[26] 朵拉是医治弗兰茨的希望，她将用她东欧犹太人的健康来医治他那西欧人的神经质。至少在幻想中，她是那种叫做菲莉斯的疾病的救治良方，但实际上是弗兰茨自己的疾病。

8月初，朵拉与弗兰茨在一次生日晚餐上相见。很快两人的关系迅速加深，甚至开始憧憬一种未来的生活，那就是从柏林的中转站最终落脚她梦想的巴勒斯坦。一切都将是健康的、建设性的——回应了他们的世界针对犹太人所发的两种抱怨：病态和寄生性。在巴勒斯坦，她将当一个厨师，弗兰茨则幻想当一个招待。如果朵拉是新的良方,那么,柏林就是针对布拉格的解毒剂。1922年9月他写信给罗伯特·科洛普斯托克说:"由于西欧犹太人是病人,靠医药维持生命,那么对他来说重要的是……不要离开柏林。"[27]迪曼是卡夫卡最后一个爱人,也是他要医治自己的最后尝试。

8月末,卡夫卡在从穆瑞茨回布拉格途中驻足柏林。度假期间他胖了一些,回到布拉格时与父母一起"度过了一生中非常糟糕的夜晚"[28],当晚就离开了父母的公寓。柏林为他提供了许多——不仅仅是从布拉格到柏林的距离。德国还给他提供了更好的经济环境,因为如果你手里攥着捷克货币的话,德国爆炸性的通货膨胀就无关紧要了。此外,还有一个比较复杂的犹太人社区,以及1870年创建的犹太人科学院,卡夫卡将去那里学习。与奥特拉在谢莱森小住一个月后,1923年9月24日他回到柏林,在斯泰格里茨公寓住了下来。他不久就搬走了,不断地向绿色的城边靠近。11月,他住进了格伦瓦尔德,由于付不起房租,1924年2月又搬到泽伦道夫,这两处都是青葱碧绿的郊区。柏林是离开家庭、离开布拉格,甚至是离开以前的写作的一次重要突破。但他经常写信给父母,告知他的身体在康复,询问侄男甥女的犹太教育情况。他给一个瑞士出版商写信,说要发表比较厚重的一些新作品。他感到他以前的所有作品都不再有用了。他在细心地读一本希伯莱小说,约瑟夫·蔡姆·布莱纳的《丧失与羁绊》,一天只读一页。朵拉代表了他所需要的一切：她是政治和神话，宗教和世俗，德语和带有一点意第绪语佐料的希伯莱语，女性而且忠心：至少在他眼里是如此。下午和晚上他写一个又一个故事，一切都以朵拉为中心。

这些故事反映了他自己对这个由疾病和孤独构成的新世界的感觉，即便与朵拉的关系日益加深的时候他仍然感到孤独。一天夜里，他一直写到黎明，第二天给她读了《地洞》这篇故事。故事讲的是一个无名动物找到了一个用自己的鲜血浸透的避难所："如果碰出了血，我就高兴，因为这是墙壁坚固的证明，而且谁都会承认，我的城郭就是用这样一种办法建成的。"[29]这座用鲜血建成的城郭里的居民只能睡"在顶端带着我的斑斑血迹的青苔下面"。[30]在这个受到保护的弯弯曲曲的洞中，甚至它自己的死亡也是毫无意义的："甚至在最后遭到我的敌人的致命一击时，因为我的血渗透在我自己的土地里，是不会丧失的。"[31]血色是纯化的迹象，如同祖父的仪式化屠宰一样，在关于犹太人在仪式上杀生的控诉中存在着扭曲和误读，这里卡夫卡用基督徒的血和卡夫卡自己经历的肺结核的血，为这个城郭提供了一个框架。现在，卡夫卡既然被锁在了这个城堡之内，而非走出城堡之外，他就试图在禁闭中寻求慰藉。这个城堡的位置没有说明，但朵拉知道这指的是柏林。

卡夫卡的身体垮了。他穷困潦倒，当德国风驰电掣般的通货膨胀结束时，他在捷克的养老金也被剥夺了，好在布拉格的朋友们常来接济他。实际上，此时，赫尔曼已经给他这个天才的儿子寄钱补足他的养老金。1924年1月,朵拉和弗兰茨已经到了用蜡烛根熬热饭的地步了。2月末,奥特拉来了。他的舅舅希格弗里德·洛维,那位"乡村医生",于2月末到蔡伦道夫来看他,断定他需要医疗监护。3月初,马克斯·布罗德到柏林参加他翻译的夏纳赛克的剧本《杰奴伐》的首发式,并来看看可怜的弗兰茨怎么样了。3月17日,布罗德带他回到了布拉格,朵拉不久也到了布拉格。在与父母一起居住期间,他的肺结核已经蔓延。4月初,他住进奥地利低地的奥特曼"维纳瓦尔德"疗养院,经诊断,他的肺部结核已经扩展到喉部。他不能说话了。体重还不到45公斤。他用便签与客人交流,就像耳聋的贝多芬一样。这是他所惧怕的一种命运,在1921年3月11日给马克斯·布罗德的一封信中,他说:

> 我确信我在这里生活于一群痨病患者当中,健康的人没有感染的危险。然而,这里的健康人无非是森林里砍柴的人和厨房里做饭的女佣(她们把病人盘子里的剩饭拿来吃了——我都不想与其对面坐坐的病人),但没有一个是来自城里的。可是,坐在喉病患者的对面真是讨厌极了(同是痨病患者,但更加凄惨),他在你对面坐着,那么友好,用那双由于患痨病而变形的眼睛看着你,同时,咳嗽时用手捂着嘴,结核溃疡的有毒黏液从张开的手指间喷到你的脸上。在家的时候,我也那样坐着,但没有那么可怕,我在孩子们当中是"好舅舅"。[32]

1924年4月10日，卡夫卡转到了喉科专家马库斯·哈耶克的诊所，1923年4月，哈耶克曾给西格蒙德·弗洛伊德做过没有成功的颌癌手术，几乎要了他的命。哈耶克的记录显示感染已经在他身体内造成了极大的破坏。吃喝已经越来越困难了。朵拉一直不离他左右。卡夫卡住在病房里，随着身体状况的衰弱，病房里的人一个接一个地死去而后被默默地抬出去，他也越来越沮丧。仍在布拉格的布罗德听了朵拉讲述卡夫卡的状况后大为震惊，便请弗兰茨·沃费尔出面调停，给他一个单间。卡夫卡曾和沃费尔有过口角。沃费尔是布拉格最著名的作家，但卡夫卡感到他的剧作《施威格》没有充分地体现奥托·格罗斯的记忆（以及卡夫卡自己与父亲的斗争）。沃费尔介入了，并给卡夫卡送来玫瑰和一本签了名的新出版的畅销书 *Verdi*，卡夫卡非常高兴地在少有的几个醒着的时刻读了这本书。哈耶克全然不顾这些迹象，拒绝给卡夫卡任何特殊的治疗。"有个叫沃费尔的人给我写信说要给某个叫卡夫卡的人做点什么。"他写道："我知道卡夫卡是谁。他是12房的病人。可谁是沃费尔呢？"

朵拉与他的朋友们为哈耶克这种冷酷的对待感到震惊，安排把他转到了克洛斯特诺伯格附近的科尔灵疗养院，离维也纳只有30分钟的路程，在那里他至少可以有更多的私人照顾。4月19日，他和朵拉搬到了雨果·霍夫曼医生的小疗养院。医生们对弗兰茨采取了缓和疗法。他读了《饥饿艺术家》的校样，重新安排了故事的顺序；这将是他死后由柏林的一个犹太复国主义和马克思主义出版社即沃拉格·施密特出版社的版本。5月末,卡夫卡要求一直和朵拉一起照顾他的罗伯特·科洛普斯托克增加吗啡剂量,1939年9月21日西格蒙德·弗洛伊德也提出了相同的要求。而且,弗洛伊德的医生,马克斯·舒尔也同样满足了这个要求。科洛普斯托克答应弗兰茨,如果疼痛不堪忍受,他会增加剂量的。卡夫卡悄声对他说:"杀了我吧,不然你就是一个杀人犯。"

1924年6月2日,星期二,中午,弗兰茨·卡夫卡死于肺结核,当时罗伯特·科洛普斯托克正抱着他的头。他于6月1日下葬,他是家里第一个葬在斯特拉尼斯新犹太墓地的人:不是旧聚居区中央古老的犹太人墓地,那里,创造了活泥人的拉比洛维的阴魂不散,而是新布拉格的犹太中产阶级翠草青青的山坡,无论是健康还是疾病,卡夫卡都属于这里。在墓旁,朵拉昏倒了。葬礼一个星期后,布拉格举行了一次纪念活动,有500多人参加。6月5日,米丽娜用捷克文发表了一份讣告,说卡夫卡是"注定要以如此炫目的清晰看待世界以至于感到世界无法忍受而接受了死亡的人。"随着卡夫卡的去世,他的传奇才真正开始。

死后余生

根据卡夫卡的两份未标注日期的遗嘱,马克斯·布罗德是卡夫卡文学遗稿的管理人。在这两份遗嘱中,卡夫卡都告诫布罗德要销毁未发表的作品,并发表卡夫卡最后几年中完成的作品,如《歌手约瑟芬》。布罗德把未发表的手稿收集起来,包括卡夫卡交给米丽娜的日记,而卡夫卡留给朵拉的手稿和信件除外。这些最终落到了纳粹手里,从此消失。卡夫卡死后,布罗德做了文学史上最大的一次不忠之事,也是文学和文化史上最有价值的一次。他拒绝遵守卡夫卡的遗嘱,而开始出版卡夫卡的全部作品。1925年,他说服柏林的先锋出版社沃拉格·施密特出版了《诉讼》;库特·沃尔夫1926年出版了《城堡》,1927年出版了《美国》。

卡夫卡的作品开始以德文和其他文字出版:一些较短的散文被译成捷克文和匈牙利文,20年代末西班牙文和法文版的《变形记》面世。1930年,埃德温和薇拉·穆易尔翻译的英文版《城堡》

出版。随着这些著作在批评界取得的成功,布罗德开始与古斯塔夫·克潘豪威尔出版社筹划"选集",1933年纳粹夺取政权后,这项计划告吹。纳粹在突然刮起的"政治正确"的阵风中早已声称把犹太人从德国政体中分离出去(与布吕埃尔的观点相呼应),而给他们提供一个影子文化,即犹太文化协会(the Jewish Cultural League):犹太剧院,交响乐团和出版社,出版只供犹太人消费的"犹太"文化。布罗德请德国-犹太人百货商店巨头萨尔曼·肖肯(1877—1959)和他的肖肯出版社出版卡夫卡文集。肖肯曾于1915年资助布伯出版了《犹太人》和弗兰茨·罗森茨威格的作品,第一次世界大战以后,又资助了施穆埃尔·约瑟夫·扎克兹克斯,一位出生在加利西亚、生活在德国的希伯莱语作家,他将以S.J.阿格农(S.J.Agnon)的笔名荣获诺贝尔奖。卡夫卡似乎自然属于这个资助名单上的人,以建构新的高雅犹太文化,但主编兰伯特·施耐德感到超越了犹太文化协会的官方权限。施耐德的意见未被采纳,以《在法律面前》为题的一部小文集于1934年面世。布罗德请犹太民族主义者汉斯-乔吉姆·索浦斯做他的助手;当他们就卡夫卡所理解的犹太复国主义的特殊含义发生根本分歧时,布罗德便去请年轻的维也纳诗人汉斯·普利策。卡夫卡文集开始在柏林问世,然后在布拉格。纳粹夺取政权后,卡夫卡文集继续在布拉格出版。纳粹很快就把卡夫卡列入了"有害的和不健康的作品"名单上。肖肯出版社于1939年被关闭。

随着卡夫卡作品在他死后的不断面世，他成了现代状况下的典型人物——不管如何界定他的作品。他的声誉正如他对他的文本所希望的一样，已经成为同时代人对世界感知的试金石：隐居但却透明的，仅仅揭示出下面的一面镜子。瓦尔特·本雅明（1892—1940），一个同样难以阐释的思想家，认为卡夫卡是在宣扬被变得非同寻常的一种生活的恐惧，因为"一切都如以往一样进行着"。在《纪念弗兰茨·卡夫卡逝世十周年》一文中，本雅明指出这是永久的"灾难"，是"卡夫卡式的境遇"。卡夫卡突然成了一个时代的代名词。但是，这个时代已经吸收了卡夫卡的异化感，他既是犹太人、操德语者、中欧人的儿子、卡夫卡家族和洛维家族的儿子，又没有身在其中。1923年，美国新教诗人和保险推销员华莱士·史蒂文斯在"胡恩广场的茶"一诗中描写了临终的卡夫卡所完全归属的一个世界：

> 我就是我于中行走的世界，我看到
> 或听到或感到的东西来自我自身；
> 这里我感到自己更加真实更加陌生。

这就是卡夫卡式的世界，但是需要一个名字。

卡夫卡这个商标已被用于许多产品。本雅明的替身格索姆·索勒姆（1897—1982）在他身上看到了一个超越神秘主义的一个犹太神秘主义者，正如他后来也在本雅明身上看到了相同的角色一样。索勒姆后来认真研究了萨巴蒂·赛维的主张，即自称是弥赛亚的17世纪神秘主义者,据其追随者毫不动摇的感情,他也是一个历史人物,即使在皈依伊斯兰教之后他也不承认他的声称是假的。索勒姆认为卡夫卡是36位未知的先知之一,而他本人毫无疑问是卡夫卡的追随者之一。卡夫卡与其所处时代的犹太教和犹太性的复杂而充满矛盾的关系把它简约为一位犹太哲学家。在萨尔曼·肖肯的资助下,索勒姆于20世纪20年代发表了《关于卡巴拉的十大非历史性主张》一文,在文章的结尾他写道:"尽管他本人没有意识到,(卡夫卡的)作品是卡巴拉世界观的世俗再现。所以,今天的许多读者都从这些作品中看到了耀眼的宗教光环——暗示了已经变成碎片的绝对。"在他影响广远的《犹太神秘主义的十大潮流》(1941)中,卡夫卡是现代神秘主义的核心人物,因此是犹太神秘主义思想谱系中的一员。在《瓦尔特·本雅明:友谊的故事》中,索勒姆引用了自己评论本雅明的话:"我那时说……在理解今天的卡巴拉之前,你必须要读弗兰茨·卡夫卡的著作,尤其是《诉讼》。"卡夫卡逝世后10年的时候,即在他的作品已经进入现代主义经典的时候,犹太传统以及整个现代主义都在纳粹企图消灭欧洲犹太文化的时候消失了。纳粹不仅烧毁了书籍,包括卡夫卡的书,而且,正如海因里希·海涅在一个世纪前就睿智地看到的,烧毁书籍的人也烧毁了人民。在集中营里死去的人们中有卡夫卡的三个妹妹,以及格蕾特·布洛赫和米丽娜·杰森斯卡–波洛克。

当肖肯1940年把出版社重建于纽约市的时候,汉娜·阿伦特和纳胡姆·格拉策为主编,此后,卡夫卡的作品便不断以英文版面世。他生前的大部分评论都是在布拉格发表的;作品较少,读者也仅限于现代主义高潮时期的有限圈子。他的作品也得到了评论,但往往是像马克斯·布罗德、奥托·皮克或费利克斯·威尔士这些布拉格的朋友们。他的声誉已经奠定了牢固的基础但却很有限——一个用"小民族语言"写作的作家,这是他自己创造的一个术语。随着卡夫卡作品中英语世界的广泛出版,以及1951年布罗德版本由法兰克福的S.费舍尔出版社(战后恢复的一家较老的德国-犹太人出版社)的再版,卡夫卡进入了主流。汉娜·阿伦特1946年8月9日写信给萨拉曼·肖肯说:"虽然在有生期间他不能活得很体面,但他将给世代知识分子提供有利可图的工作和丰盛的美餐。"

1948年共产党占领捷克斯洛伐克后,卡夫卡再次被逐出布拉格。在"铁幕"背后的马克思主义批评家眼里,卡夫卡是一个典型的资产阶级作家(关于这一点他们非常正确)。伯托尔特·布莱希特在1934年发表的《现代捷克斯洛伐克文学》一文中暗示了这一点,他承认卡夫卡值得研究,以便看到他如何预示了"但丁式"集中营的建立。要知道第一座集中营达邵是在1933年3月建立的。1963年爱德华·戈尔德斯塔克在李碧利斯组织召开了一次研讨会,卡夫卡成了一个政治偶像。这次会议预示了"布拉格的春天",但随着1968年一个新的政治的卡夫卡的出现,"布拉格的春天"也消失了。"布拉格的春天"的那些政治作家们都明白,如菲利普·罗斯最近在《纽约时报书评》(2004年9月19日)上发表评论所说:"他们随意破坏卡夫卡无情想象力的操守,尽管他们在可怕的民族危难之际——尽最大努力——把他的作品用于政治目的。"但这当然是卡夫卡故意写进作品的、所有读者都利用过的内在灵活性。卡夫卡成了捷克作家抵制外来因素的典范,如米洛斯洛夫·霍拉布在他的诗《奥尔撒尼的犹太墓地,卡夫卡墓,四月里阳光明媚的一天》中所说:

> 在桑树下找寻
> 语言中倾注而出的词。
> 孤独绷紧
> 因而如石头一样坚硬。
> 门旁的老人
> 格里高尔·萨姆沙的模样
> 但却没有形变,
> 在这赤裸的光中
> 眯缝着眼睛
> 把每个问题回应:
> 对不起,我不懂。
> 我对这里陌生。

在法国，阿尔伯特·加缪(1913—1960)在小说《鼠疫》(1947)中重读了卡夫卡关于疾病、死亡和丧失信仰的故事，他把卡夫卡变成了一个存在主义者，甚至是一个荒诞派。如果卡夫卡的作品，尤其是故事《在流放地》，可以看做是德雷福斯及其监禁的幻想式引申，那么，加缪描写的奥兰的鼠疫就有力地唤醒了人们对纳粹占领法国的记忆。加缪在《西西弗斯神话》(1942)描写的孤独感和绝望感几乎都源出卡夫卡的作品，并在小说中数十次引用卡夫卡，尤其是《诉讼》和《城堡》。这部写于法国被占领时期的对抛弃的非凡评论，概括了他对荒诞和接受荒诞的看法，"完全没有希望，这与绝望没有关系，一种连续的拒绝，而这决不能与抛弃相混淆——和一种自觉的不满"。卡夫卡是加缪文化考古学的组成部分，其中包括巴尔扎克、萨德、麦尔维尔、司汤达、陀思妥耶夫斯基、普鲁斯特和马尔罗，加缪也把自己的作品放在了这份文化遗产之中。安德烈·纪德在20世纪40年代的日记中写道，到1942年，卡夫卡已经成了现代派的经典作家。在英国，生于奥地利的哲学家路德维希·维特根斯坦也根据那个传统阅读卡夫卡，认为他不过是拒绝相信一个人格的上帝的信仰者之一。

所有这些挪用都剥除了卡夫卡特殊的犹太人身份。仅就卡夫卡进入"典型的现代人"行列的非凡时刻而言，他的犹太身份被剥除这一事实就极为重要。让－保尔·萨特在《反犹太人和犹太人》(1946)中论证道，社会通过反犹太复国主义的话语而创造了犹太人。否则,犹太人不会存在。因此,卡夫卡不是犹太人,因为他是"人"的经典的组成部分,而不属于"犹太人"经验。

到20世纪40和50年代末,乔治·路易·博尔赫斯(1899—1986)已经在阅读卡夫卡,把卡夫卡的一些短篇译成西班牙文,并在自己的小说中表达了卡夫卡的观点。他在布宜诺斯艾利斯市图书馆的米格尔·卡恩分馆编排图书目录时发现了卡夫卡。他对那份工作(和卡夫卡的保险工作一样)并不感兴趣,所以常常溜进地下室去读书,尤其是读卡夫卡的书。他的文章《卡夫卡及其先驱者》写于1951年,使他想到卡夫卡和博尔赫斯都生活在同一个世界,因为"每一个作家都'创造'他自己的先驱者。他的作品改变了我们对过去的观念,它也将改变未来"。伊塔罗·卡尔维诺(1923—1985)在《看不见的城市》中重新思考了卡夫卡幻想的世界:"我的作家是卡夫卡,我最喜欢的小说是《美国》。"这对一个写超现实童话的作家来说没有什么大惊小怪的。所有这些作家反映的都是卡夫卡的文本,几乎没有人反映他的文化或个人身份,正如卡夫卡的所有读者都要把他放在自己的写作谱系当中一样。

美国的菲利普·罗斯(生于1933年)把卡夫卡当作现代犹太身份的重要典范。在《我总是想让你欣赏我的戒斋,或看看卡夫卡》(1973)一文中,他用一种亲密的现在时态来讲述卡夫卡1924年以前离家出走并因此感到愧疚,而在临终时还修改《饥饿艺术家》的校样的故事。在故事的第二部分，罗斯讲卡夫卡似乎活了下来，在1942年成了年轻的菲利普的希伯莱语老师。当这个卡夫卡死的时候，讣告上写着："他没有留下幸存者。"当然，罗斯是始终如一的，他的全部作品表明了这一点。据罗斯所说，他的《波特诺伊的抱怨》(1969)是卡夫卡给他的灵感。但最清楚不过的是，他自己的"变形记"表明他把卡夫卡看作了文学偶像，与加缪或博尔赫斯没有什么两样：他的卓越的中篇小说《乳房》(1972)写的就是一个男人如何变成一只乳房——一只女性乳房的故事。

一天早上，度过了一个不眠之夜的大卫·克派什，是位于斯托尼·布鲁克的纽约州立大学的比较文学教授，醒来时发现自己变成了"人们所能想到的只能出现在梦中或达利的画中的一条乳腺"（第13页）。他的医生们对此大惑不解，并作了多种解释。这是"可以用多种方式描述的现象……'荷尔蒙过量'，'内分泌灾难'，和/或'染色体的雌雄同体爆炸'"（第13页）。如我们将在本章的其余部分所看到的，所有这些解释都是用来说明男人为什么要有（一点不必要）乳房的理由。

据他的医生们是所说，克派什的新形体只是有吸引力的——"我的肉体平滑，'年轻'，而且我还是高加索人"（第14页）。这些读起来就仿佛是取自内分泌学家给他做的病例一样。乳房很美，而且雪白（解作：色欲），罗斯在讲述克派什的生活时就是根据这个形象来建构共同的种族和性身份的。快感和幸福似乎是克派什生活的核心,也是这部中篇小说的核心。克派什崇拜女性乳房,将其视为性快感的源泉,但最终却成了快感的梦魇。这个巨大的155磅重的乳房成了获得性快感的场所。他的乳头被按摩、被吮吸,给他提供了一个又一个高潮。幻想变成自己的欲望客体,体验人们想象的可能提供的快感,是与自己的性欲达到认同的一种自恋形式。这种快感,即他想象他的女性性伴侣的乳房所体验到的快感,也是他自己所接受的快感。

克派什最终登场亲口解释这种改变。他教给弗兰茨·卡夫卡太多的东西,尤其是《变形记》(第60页,第65—66页)。他疯了,想象自己就像他作品里的人物一样发生了变化。他疯了,所以,他的变化"仅仅"是一次幻觉。"是小说使我发生变化了吗?"他问道(第81页)。他的精神分析专家告诉他这种解释逃避他已经变化了的现实,当然是"进入疯狂之路"(第61页)。"荷尔蒙终归是荷尔蒙,艺术终归是艺术。"(第81页)变化是"真的",不仅仅在他的精神里。他的不幸在于身体,不在于灵魂。他的选择是清楚的:"我的确是一个最真实的乳房——否则……我就和其他任何男人一样疯狂。"(第75页)这个故事是对"理性时代"性权力如何建构我们的自我感的评论;但也是对各种问题的评论,以及启蒙允诺给每个人带来的、卡夫卡所恐惧并热切盼望的那种变化。

菲利普·罗斯,顶级的美国犹太作家,把格里高尔·萨姆沙变成了一个巨型大乳,因此通过那个(对他来说)最犹太的犹太作家弗兰茨·卡夫卡而否定了这个寓言的任何"犹太"根源。在南非,所发生的变化恰恰相反。阿什麦·丹格尔的中篇小说《卡夫卡的诅咒》(1997)以1994年大选以前的南非为背景。与菲利普·罗斯的《人类污点》(2000)的主题一样,丹格尔小说的主题是人的褪色,尤其是"有色人"通过变成"犹太人"而变成"白人"。罗斯讲的是一个非裔美国人变成犹太人的故事,把犹太人作为当代美国所向往的类型——颠倒的格里高尔·萨姆沙。丹格尔的故事背后的意识形态是特殊的多文化流散,是在隔离政策之下的南非,1948年,丹格尔就出生在那里。他是一个叫"黑人思想"的黑人文化团体的成员,20世纪70年代该团体遭禁达6年之久。

丹格尔的中篇小说是以文学的幻想来表达被投入到种族隔离世界上来的多元文化的意义。小说的主人公奥玛·可汗把自己的名字改为奥斯卡·卡恩,这样他就能被当成"白人":"我漂亮,为什么不呢?我祖母是荷兰人。这个压抑的国家在管制上仅次于纳粹,然而却有一个地方,一个吝啬的地方,但毕竟是犹太人的容身之地。你能相信吗?那个被永久迫害的种族竟然有一块容身之地?因为他们是白人。"(第23页)南非的犹太人只是在20世纪初才成为"白人"的。他们成为白人是因为他们成为了成功的少数族裔,并具有被标识为"白人"的经济力量。因此,开普殖民地1902年通过了"移民限制法",以便限制来自印度次大陆的移民。只有"欧洲人"有移民南非的特权。"欧洲人"是由他们所讲语言的字母来定义的。不消说,意第绪语未被当作"欧洲"语言。因为只有按南非语言和英语的字母拼读的语言才是"白人的"语言,所以,希伯莱语就是"有色的"。希伯莱人进入绝大多数人口为黑人的南非时,不是作为拥有特权的、霸权的种族——"白人",而是作为一个边缘种族——"有色人"的成员。这个观点当然与19世纪的欧洲种族理论一拍即合。休士顿·斯图亚特·张伯伦,瓦格纳的女婿,当时欧洲拥有最大读者群的种族理论家,认为犹太人是在亚历山大流放时期就与黑人通婚的一个混合民族,说这个事实在他们的面相上就看得出来。

丹格尔的主人公奥斯卡·卡恩用住进白人居住区来定义他的"白人性"。他离开了勒纳西亚的印第安城,住进了约翰斯堡的一个郊区,变成了一个犹太人,与纯正不列颠血统的安娜·华莱士结了婚。卡恩受到他们反犹太复国主义的迫害。"安娜的母亲恨我。我认为她甚至怀疑我的犹太性。偏见具有的一贯正确的本能。"(第32页)在安娜的朋友们眼里,他是性欲望的对象,但不可能是丈夫,因为他有明显的不同于他们的地方:奥斯卡——"全然褐色的面包和蜂蜜!与之上床完全没有问题,……可结婚?"(第11页)。结婚与繁殖以及变化的困难是这个故事的核心主题。她的朋友们知道他是另类:"你是印第安人吗?"……"不,卡恩是一个古老的犹太姓。"(第31页)

名字是符号，但是一个人又是怎样变成"犹太人"的呢？

奥斯卡最终被一个犹太建筑师雇用为建筑师。梅耶·刘易士雇用了他，培训他，逐渐把他变成了自己的镜像："在梦中，我常常切开梅耶球茎状的喉咙，赤脚在他那滚烫的血池里舞蹈……我开始恨他那口南非意第绪的混合语言，他那犀利充满蔑视的眼神……梅耶是个敦实的矮个子。"（第24—25页）语言和身体相貌界定故事中的"真正的"犹太人。梅耶与奥斯卡一样，也是个成功的犹太人。然而，他仍然带有明显的语言和身体差异。

奥斯卡在只有白人居住的郊区买了房子，那是奇怪地标有"犹太性"的一栋房子。他向安娜求爱时，安娜会看着他手淫："（安娜）对我已经行了割礼的事实没有感到大惊小怪；毕竟是一种犹太风俗嘛。"（第31页）与犹太人一样，穆斯林人也具有身体的差异。这种差异成了玷污奥斯卡在白人郊区买的房子的形象的污点。那是一栋有90年历史的房子。奥斯卡坚持不做任何改动。它的结构很奇怪。来到前门时，你会遇到："通往正门的路中央是一个奇怪的喷泉，迫使人们面对被阉割的大卫的悲惨场面，他那耷拉着的石头生殖器就像小孩子的鸡鸡一样被弄破了头。奥斯卡说，那是这栋房子自然的组成部分。"（第11页）喷泉上的"水从年轻稚气的大卫的脚泵出，流经全身，再从生殖器射出。水泵是金属做的，已经生锈。由于年深日久，水被染上锈色，他看上去就像尿血一样"（第37页）。男性犹太人经常流血的古老幻象从现代初期到现在一直是犹太仪式谋杀观念的根源。人们相信犹太男人需要基督徒的血来"医治"他们流血的疾病。这种观念一直持续到19世纪。20世纪初又有人提了出来。圣彼得堡大学的希伯莱语教授丹尼尔·施沃尔森写了一本非常有力的小册子，陈述了这种流血诽谤的理由。施沃尔森说这是用来"医治据说是犹太人特有的一种疾病的"，比如男性月经。奥斯卡住的房子就是带有流血的大卫的一栋"犹太房子"。奥斯卡本人也行了割礼，而作为穆斯林，他却不流血。

这栋房子以前住着一个叫西蒙的小男孩，他为尿血的大卫感到难堪，于是就操起一把铁锨"砍掉了大卫的生殖器"（第38页）。就西方人眼里的犹太人身体形象而言，割礼是一种真正的或轻度的阉割。犹太人行割礼的形象在西方的影响就在于它实际上略去了其他民族如穆斯林人的相同习俗。奥斯卡买这栋房子的时候，他的首要任务之一就是修复这个塑像，让它再度喷出水来。它确实又开始尿血了。奥斯卡以为他在插入新的塑料水管的时候把水管弄破了。他的女儿们却有不同的解释："姑娘们羞答答的。大女儿说大卫来月经了。"（第38页）丹格尔的犹太人身体，这里显然指白人的身体，一个成功人士的身体，与西方社会中关于犹太人身体差异的神话联系了起来。这存在于100年前南非流传的犹太差异的传奇之中，也存在于20世纪70和80年代穆斯林人关于犹太人的宣传之中。

奥斯卡死后，他的孩子们发现他的情人伊丽莎白·马兹登是个雕塑家,"专门雕塑尿尿的大卫。年轻的性感的大卫。用我们的父亲的形象雕塑而成的大卫"(第115页)。奥斯卡已经成为"犹太人",即便只有这个情人知道奥斯卡的秘密。他的情人"是唯一真正看到奥斯卡不是奥斯卡的人,她闻过他的杂交因子,他的'苦力'先辈的油渍渍的臭味"(第112页)。在变成犹太人的过程中,他也是仅以外表的"白肤色"为标志的成功人士。奥斯卡的治疗专家阿米娜·曼德尔斯坦说"他取的名字——奥斯卡——界定了他的个性"(第47页)。这使他转化为犹太人。它也界定了他的身体,如阿米娜的丈夫的身体一样。她丈夫是犹太人:"跛脚的犹太人正接受审问(关于奥斯卡的死亡)。但没有他的照片。'我不知道跛脚的犹太人长什么样?'他的一个亲属问道。"(第103页)"犹太人"是由跛脚(阉割的身体)来定义的,但这同时也是穆斯林人的身体。

杂交是这篇魔幻现实主义故事的核心主题,故事中的主人公最终出现一种未知疾病的症状,这就是卡夫卡的诅咒,这种病几乎把他变成了一棵树,吸进二氧化碳,呼出的是氧。与卡夫卡的情况一样,这是关于决定犹太人身份的犹太人身体差异的幻象,不管他是不是"犹太人"。与罗斯的《人类污点》的主人公科尔曼·希尔克一样,奥斯卡成了一个犹太人,因此表现出犹太人全部可见的身体差异。这里的社会,南非种族隔离的社会,是根据虚假的都市主义话语来看待犹太人的,这种虚假的都市主义仅仅指"东欧社会",这里再次被定义为西欧社会中的东欧犹太人,立特瓦克人(the Litvak)。丹格尔描写的南非种族隔离的形象使人联想到纳粹德国统治的世界,那里充满了想要改变身份的焦虑。丹格尔是从后种族隔离的角度来写作的,他能够以最具讽刺意义的手法把主人公改造成犹太人的形象。然而,同样清楚的是,丹格尔对这种改造的解读及其对格里高尔·萨姆沙的变形的公开指涉,恰恰由于其明显的必要性未能成功地实现。

与菲利普·罗斯笔下的世界不同,在纽约上部发生的变化则具有完全不同的意义。在卡夫卡逝世50年后,在康奈尔大学给本科生上文学课的弗拉基米尔·纳博科夫还是一位著名的鳞翅昆虫学家,为这种"昆虫学幻想"提供了详尽的解读。纳博科夫解读的真实性部分在于他自己声称的他与20世纪20年代的卡夫卡过着类似的生活。纳博科夫的解读在各方面都是出新的,但也揭示出他本人对萨姆沙和对卡夫卡的焦虑:

> 评论家们说(萨姆沙是一个)甲虫,这当然讲不通。甲虫是昆虫,形状扁平,有腿,而格里高尔却不是扁平的:他身体的每个侧面都是凸出的,肚子和后背,还有许多小腿。他只在一方面接近甲虫:颜色是褐色的。仅此而已。除此之外,他有一个巨大的凸出的肚子,分解成不同部分,一个坚硬滚圆的后背,暗示着翅箱。甲虫的这些翅箱还掩藏一些脆弱的小翼,它们可以展开,在错误的飞行中可以带甲虫飞行数英里。奇怪的

是，甲虫格里高尔并没有发现后背的硬壳下还长着翅膀。（这是供你一生品味的一种非常好的观察。一些格里高尔，一些叫乔和简的人，都不知道他们还长着翅膀。）

萨姆沙知道他还能飞吗？纳博科夫的精英本科生现在知道了他能够离开萨姆沙家的公寓，变成一个……他能变成什么呢？真实世界，乔们和简们的世界，对于能够思想和会飞的巨大昆虫是多么灵活的呀！当然，科学家安德烈·德兰布尔（大卫·赫德森扮演）变成《苍蝇》（1958年，库特·纽曼导演）的变化是不被乔们和简们的世界所接受的。然而，通俗电影却是把卡夫卡变成"当代人"的一个媒介。

卡夫卡的世界是一个视觉的世界，即便（或者恰恰因为）它是一个不可再现的世界。记住，卡夫卡拒绝让出版商把格里高尔·萨姆沙的照片放在《变形记》的封面上。但卡夫卡还是给了无数电影以灵感。当然，最重要的是奥尔森·韦勒斯1962年的法文版影片《诉讼》，安东尼·帕金斯饰演约瑟夫·K.，罗密·施耐德饰演列妮，简·莫罗饰演毕斯特纳小姐，韦勒斯本人饰演哈斯特雷医生。该影片是最早面世的，但评论界未予青睐。然而，它仍然是电影经典的组成部分，在讨论如何把语言转译成视觉图像的研究中常常被提及。

韦勒斯重写并重新编排了文本的顺序。他用对话把布拉格的世界变成了冷战的世界，如两个人物在影片开始的时候就愧疚和生活的问题交换意见：

约瑟夫·K.：申辩从来没有什么用处，没有。你本来没干什么错事，你还感到有罪。我仍然记得父亲看着我，你知道，那直勾勾的眼神：'过来，孩子'，他说，'你到底想干什么？'即使我什么都没想干，可我还是感到有罪——你知道那感觉吗？学校的老师宣布她桌上放的什么东西没有了：'说吧，是谁干的？'那当然是我。我就是容易感到有罪——我甚至都不知道什么东西没了。也许——啊，对了，一定是的——除非你的想法是无辜的，百分之百无辜的。每个人都这样吗？甚至圣人也有忍不住诱惑……（吻毕斯特纳小姐）怎么样？

毕斯特纳小姐：我想你疯了。

毕斯特纳小姐：你怎么啦？

约瑟夫·K.：我被捕了。

毕斯特纳小姐：啊？

约瑟夫·K.：无法相信，是吧？

毕斯特纳小姐：哦，这经常发生。

约瑟夫·K.：问题就在这儿。我不知道怎么发生的。一点概念都没有。

毕斯特纳小姐：你怎么知道你被捕啦？这不就像你突然牙龈出血了一样吗？

韦勒斯指的是陷在两种冲突的意识形态之间并被这种张力所破坏的世界。甚至（尤其是）当一个人什么都没做却又感到有罪，在斯大林的时代和此后，在约瑟夫·麦卡锡的"红色恐怖"和其后的冷战时代，韦勒斯影片的信息是清晰的。这当然不是能够流行的一个信息，也没有流行起来。

然而，韦勒斯也发现有必要改一下结尾。卡夫卡还没有足以像美国人那样提供一个开放的结尾，来解决K.的诉讼的谜团。与罗斯笔下犹太人卡夫卡后来的视觉一样，韦勒斯需要一个充满希望和具有超验力量的卡夫卡。韦勒斯写道：

> 我不能让我作品的名称暗示人的最终投降。由于站在人的一边，我必须在最后的时刻向他展示没有失败……我不赞成卡夫卡《诉讼》里的观点。我相信他是个好作家，但是卡夫卡不是今天人们所认定的那种非凡的天才。他（约瑟夫·K.）是个小官僚。我认为他有罪……他属于一个有罪的社会，他与社会同流合污。我之所以要拍这部影片是因为我一生中总是不断做有罪的噩梦：我在监狱里，但不知道为什么——将受到审判，而不知道为什么。这完全是我个人的事。完全是我个人的经历，绝对不是到一个陌生的世界上，无法适应自己，这是我导演的一部最具自传色彩的影片，唯一的最接近我的生活的一部。它没有讲中西部的方言，这没有任何意思。它比我导演的任何影片都更接近我自己的感觉。

安东尼·帕金斯，韦勒斯的但不是卡夫卡的约瑟夫·K.，发现这种解读非常不同于他自己对该书的感觉：

> 我认为影片（《诉讼》）有点乱。……一个有罪的约瑟夫·K.，一个卑躬屈膝软弱的人物，似乎与卡夫卡书中的精神背道而驰。开拍几天后我对奥尔森说："你不认为这说明 K.是有罪的吗？"他说："他就是有罪的！他像地狱一样罪孽深重！"而我想："噢，哦，好吧。"我当时就像现在一样相信导演的阐释是正确的，因此尽最大努力去实现它。

因此，美国的、然后是全世界的观众都看到了一个幸福的结局；非常接近卡夫卡在布拉格意第绪剧院里看到的《李尔王》的结局，家庭的和解。

影片里的世界萦绕着卡夫卡的鬼魂，高雅艺术的世界也如此。诗人过去和现在都把卡夫卡作为一切的象征。垮掉一代的诗人透过加缪把卡夫卡看作现代的异化的自我。劳伦斯·佛灵盖蒂（1919—　）在典型的垮掉一代的诗集《精神的科尼岛》（1958）中也从卡夫卡的视角来看世界：

> 　　卡夫卡的城堡矗立在世界之上
> 像最后一座巴士底
> 　　属于那生存的神秘
> 它盲目地向我们走来

　　　　陡峭的路径

　　　从那里无处可投

　　　　　路在空中散射

像迷宫的铁网

　　　像电话交换台

所有呼叫从那里发出

　　　　无限的无法追索的踪迹

　　　在那里

　　　　天堂的气候

裸跳的灵魂

　　　在一起

　　　像游荡者

　　　　　在市集的边缘

我们挑逗那不可获得的

　　　　想象的神秘

　　　却远在另一边

　　　　　像马戏棚的舞台之门

宽宽的帐篷里的战争

　　　　甚至大象

　　　　　也华尔兹般地舞动

英国的泰德·休斯（1930—1998）也写了另一首卡夫卡之歌《乌

都》(1967)：

> 卡夫卡
> 而他是一只猫头鹰
> 他是一只猫头鹰，腋下刺绣的是"人"
> 在折断的翅膀下
> （被炫目的墙惊倒）
> 在巨大影子的断翼之下的地板上抽搐。
> 他是穿着无望羽毛的一个人

同时，在大西洋彼岸，德尔莫·施瓦茨（1913—1966）完成了他的最后一首伟大诗篇《修拉在赛因河畔的周日午后》，诗中浸透着最悲惨的思想：

> 周日午后地上的天国。
> 不清楚，更不清楚吗？我们难道听不到
> 卡夫卡的声音，永远地凄婉，绝望的病体试图在说
> "福楼拜是对的：这都是真的！
> 没有先驱，没有婚姻，没有后代，
> 而又对先驱、婚姻、后代的狂热的渴望：
> 它们都把手伸向我：但它们又那么遥远！"

作为作家的卡夫卡没有同辈分享他的痛苦，然而，如罗斯所暗示的，甚至施瓦茨也成了他的后代。

每一个诗人都唤醒他们自己私下的卡夫卡,然而又在一个相同的时刻唤醒了属于他自己的一个世界。卡夫卡成了将现代这个时代悬挂其上的诸多挂钩之一。甚至在千年结束以及进入新的纪元的时候,斯蒂芬·邓(1939—)也在乔治·蓬皮杜中心 1984 年中欧文化展上以讽刺的姿态把经典化了的卡夫卡作为这个卡夫卡时代的高级牧师:

> 有时我宁愿深陷
> 　　泥潭
> 　　　　用霍尔斯坦驱赶蚊蝇
> 我宁愿与那颓废的男孩一道
> 　　带着紫色的头发
> 　　　　走向古玩店
> 　　　　　　也不与不知道
> 他作为法国人生活在
> 　　标为"卡夫卡世纪"的 1984 年
> 　　　　的人交谈。

但现在我们都知道了。

注 释

1 家与受诅咒的身体

[1] Quoted by Sander L. Gilman, *Franz Kafka: The Jewish Patient* (New York, 1955), p.10.

[2] Franz Kafka, *The Diaries, 1914–1923*, ed. Max Brod, trans. Martin Greenberg and Hannah Arendt (New York, 1949), pp. 73–74.

[3] *Ibid.*, p. 160.

[4] Franz Kafka, "Letter to the Father", trans. Ernst Kaiser and Eithne Wilkens, revised by Arthur S. Wensinger, in Franz Kafka, *The Sons*, intro. Mark Anderson (New York, 1989), p.117.

[5] Fritz Mauthner, *Erinnerungen. I. Prager Jugendjahre* (Munich, 1918), pp. 52–53.

[6] Franz Kafka, *Letters to Milena*, trans. Philip Boehm (New York, 1990), p. 59.

[7] Franz Kafka, *Letters to Felice*, ed. Erich Heller and Jürgen Born, trans. James Stern and Elisabeth Duckworth (New York, 1973), p.113.

[8] Franz Kafka, *The Diaries, 1914–1923,* p. 11.

[9] Franz Kafka, *Letters to Milena*, p. 198.

[10] Franz Kafka, *Letters to Felice*, p. 27.

[11] *Ibid.*, p.254.

[12] Franz Kafka, *The Diaries, 1914–1923,* p.24.

[13] *Ibid.,* p.11.

[14] Franz Kafka, "Letter to the Father," p. 136.

[15] Franz Kafka, *Letters to Friends, Family, and Editors*, ed. Max Brod, trans. Richard and Clara Winston (New York, 1977), p.89.

[16] Ibid., p.67.

[17] Franz Kafka,*The Diaries, 1910–1913,* p.60.

[18] Franz Kafka, *Letters to Felice*, p. 208.

2 写作

[1] Franz Kafka, *The Complete Stories*, ed. Nahum N. Glatzer (New York, 1971), p. 77.

[2] Franz Kafka, *The Complete Stories*, p. 87.

[3] *Ibid.*, p. 85.

[4] *Ibid.*, p. 85.

[5] *Ibid.*, p. 390.

[6] Franz Kafka, *Letters to Felice*, p. 134.

[7] Franz Kafka, *The Complete Stories*, pp. 394–395.

[8] Franz Kafka, *The Diaries, 1910–1913*, p.181.

[9] *Ibid.*, p. 298.

[10] Franz Kafka, *Amerika: The Man Who Disappeared,* trans. Michael Hofman (New York, 1996). p. 3

[11] *Ibid.*, p. 32.

[12] *Ibid.*, p. 89.

[13] Franz Kafka, *Letters to Milena*, p. 136.

[14] Franz Kafka, *Letters to Felice*, p. 270.

[15] Franz Kafka, *Letters to Friends, Family, and Editors*, p.334.

[16] Franz Kafka, *The Diaries, 1910–1913*, p. 301.

[17] Franz Kafka, *Letters to Felice*, p. 334.

[18] Franz Kafka, *The Diaries, 1910–1913*, p. 305.

[19] *Ibid.*, p. 309.

[20] Franz Kafka, *Letters to Felice*, p. 352.

[21] *Ibid.*, p. 293.

[22] *Ibid.*, p. 434.

[23] Franz Kafka, *The Diaries, 1914–1923*, p. 153.

[24] Franz Kafka, *Letters to Friends, Family, and Editors*, p. 237.

[25] Franz Kafka, *The Complete Stories*, p. 81.

[26] *Ibid.*, p.85.

[27] Franz Kafka, "Letter to the Father," p. 120.

[28] Franz Kafka, *Letters to Ottla and the Family,* trans. Richard and Clara Winston. Ed. N. N. Galtzer (New York, 1982), p. 9.

[29] Franz Kafka, *The Complete Stories*, p. 140.

[30] *Ibid.*, p. 163.

[31] *Ibid.*, p. 146.

[32] Franz Kafka, *The Trial*, trans. Breon Mitchell (New York, 1998), p.3.

[33] *Ibid.*, pp. 215–217.

[34] *Ibid.*, p. 231.

[35] *Ibid.*, p. 6.

[36] *Ibid.*, p. 1.

[37] Franz Kafka, *Letters to Friends, Family, and Editors*, pp. 286–9[p.289].

[38] Franz Kafka, *Letters to Felice*, p. 57.

[39] *Ibid.*, p. 78.

[40] Franz Kafka, *The Complete Stories*, p. 89.

[41] *Ibid.*, p. 89.

[42] *Ibid.*, p. 118.

[43] *Ibid.*, p. 133.

[44] *Ibid.*, p. 136.

[45] *Ibid.*, p. 139.

[46] Franz Kafka, *Letters to Felice*, p. 425.

[47] Franz Kafka, *Letters to Friends, Family, and Editors*, p. 339.

[48] Franz Kafka, *Letters to Felice*, p. 543.

[49] Franz Kafka, *The Diaries, 1914–1923*, p. 182.

[50] Franz Kafka, *Letters to Felice*, p. 544.

3 病魔缠身

[1] Franz Kafka, *The Diaries, 1914–1923*, p. 322.

[2] Franz Kafka, *The Complete Stories*, p. 122.

[3] *Ibid.*, p. 221.

[4] *Ibid.*, p. 223.

[5] *Ibid.*, p. 223.

[6] *Ibid.*, p. 224.

[7] Franz Kafka, *The Diaries, 1914–1923*, p. 140.

[8] Franz Kafka, *Letters to Friends, Family, and Editors*, p. 213.

[9] Franz Kafka, *Letters to Milena*, p. 223.

[10] *Ibid.*, p. 37.

[11] *Ibid.*, p.136.

[12] *Ibid.*, p. 144.

[13] *Ibid.*, p. 202.

[14] Franz Kafka, *The Complete Stories*, p. 268.

[15] *Ibid.*, p. 277.

[16] Franz Kafka, *The Diaries, 1914–1923*, p. 225.

[17] *Ibid.*, pp. 230–31.

[18] Franz Kafka, *Letters to Friends, Family, and Editors*, p. 330.

[19] Hans Blüher, *Secessio Judaica: Philosophische Grundlegung der historischen Situation des Judenthums und der antisemitischen Bewegung* (Berlin, 1922), p. 19.

[20] Werner Sombart, *The Jews and Modern Capitalism,* trans. M. Epstein (Glence, II, 1951), p. 272.

[21] Blüher, p.23.

[22] *Ibid.*, p. 25.

[23] Franz Kafka, *Letters to Friends, Family, and Editors*, p. 373.

[24] *Ibid.*, p. 372.

[25] *Ibid.*, p. 372.

[26] Max Brod, "Brief an eine Schülerin nach Galizien," *Der Jude*, I (1916–1917), pp. 124–125.

[27] *Ibid.*, pp. 380–81.

[28] Franz Kafka, *Letters to Ottla and the Family*, p. 77.

[29] Franz Kafka, *The Complete Stories*, p. 328.

[30] *Ibid.*, p. 341.

[31] *Ibid.*, p. 340.

[32] Franz Kafka, *Letters to Friends, Family, and Editors*, p. 264.

参考书目与影片集锦

1. 版本

卡夫卡著作现有两个新的竞争的德文版本: *Historisch–kritische Ausgabe sämtlicher Handschriften, Drucke und Typoskripte*, ed. Roland Reuss and Peter Staengle, Stroemfeld in Basel, 1995; *Schriften, Tagebücher, Briefe: kritische Ausgabe*, ed. Jost Schillemeit and Malcolm Pasley, Fisher in Frankfurt, 1982。这两部著作目前都没有结束。马克斯·布罗德的六卷具有高度主观性的版本,*Gesammelte Werke*, i–iv(ed. Max Brod and Heinz Politzer, Berlin: Schocken, 1935–1937); v–vi (ed. Max Brod, Prague: Heinr. Mercy Sohn),是20世纪90年代所有卡夫卡文集翻译的基础。

2. 标准的英译本

The Trial, trans. Breon Mitchell (New York, 1998)

The Complete Stories, ed. Nahum N. Glatzer (New York, 1971)

The Castle, trans. Mark Harman (New York, 1998)

Amerika: The Man Who Disappeared, trans. Michael Hofman (New York, 1996)

Parables and Paradoxes (New York, 1963)

'Letter to the Father', trans. Ernst Kaiser and Eithne Wilkens, revd Arthur S. Wensinger, in Franz Kafka, *The Sons*, intro. Mark Anderson (New York, 1989)

The Diaries, 1910–1913, ed. Max Brod, trans. Joseph Kresh (New York, 1948)

The Diaries, 1914–1923, ed. Max Brod, trans. Martin Greenberg and Hannah Arendt (New York, 1949)

Letters to Friends, Family, and Editors, ed. Max Brod, trans. Richard and Clara Winston(New York, 1977)

Letters to Felice, ed. Erich Heller and Jürgen Born, trans. James Stern and Elisabeth Duckworth (New York, 1973)

Letters to Milena, trans. Philip Boehm (New York, 1990)

Letters to Ottla and the Family, ed. N. N. Glatzer, trans. Richard and Clara Winston (New York, 1982)

3. 参考书目

The following bibliographies may suggest the scale of the 'Kafka-Industry' foretold by Hannah Arendt:

Beicken, Peter, *Franz Kafka: Eine kritische Einführung in die Forschung* (Frankfurt am Main, 1974)

Binder, Harmut, ed., *Kafka:Handbuch in zwei Bänden*, 2 vols (Stuttgart, 1979)

——, Kafka:Kommentar zu den Romanen, Rezensionen, Aphorismen und zum Brief an den Vater (Munich, 1976)

——, *Kafka: Kommentar zu sämtlichen Erzählungen* (Munich, 1982)

Caputo-Mayr, Maria Luise, *Franz Kafka: eine kommentierte Bibliographie der Sekundärliteratur (1955–1980, mit einem Nachtrag 1985)*(Bern, 1987)

——, *Franz Kafka: internationale Bibliographie der Primär–und Sekundärliteratur:eine Einführung,* 3rd edn (Munich, 2000)

——, *Franz Kafka Werke: eine Bibliographie der Primärliteratur (1908–1980)* (Bern, 1982)

Corngold, Stanley, *The Commentators' Despair: The Interpretation of Kafka's 'Metamorphosis'* (Port Washington, NY, 1973)

Dietz, Ludwig, *Franz Kafka,* 2nd edn, Sammlung Metzler, vol. 138 (Stuttgart, 1990)

——, *Franz Kafka: die Veröffentlichungen zu seinen Lebzeiten (1908– 1924): eine textkritis–che und kommentierte Bibliographie* (Heidelberg, 1982)

Flores, Angel, ed., *The Kafka Problem* (New York, [1946], repr. 1975)

——, *The Kafka Problem: With a New, Up-to-Date Bibliography & a Complete List of Kafka's Works in English* (New York, 1963)

Flores, Angle, A Kafka Bibliography, 1908–1976 (New York, 1976)

Preece, Julian, ed., *The Cambridge Companion to Kafka* (Cambridge, 2002)

Rieck, Gerhard, *Franz Kafka und die Literaturwissenschaft: Aufsätze zu einem kafkaesken Verhältnis* (Würzburg, 2002)

Robertson, Ritchie,'In Search of the Historical Kafka: A Selective Review of Research, 1980–92', *Modern Language Review*, 89(1994), pp.107–37

Rolleston, James, ed., *A Companion to the Works of Franz Kafka* (Rochester, NY, 2002)

Tabéry, Françoise, *Kafka en France: essai de bibliograhie annotée* (Paris, 1991)

4. 卡夫卡图书馆

Born, Jügen, ed., *Kafkas Bibliothek: ein beschreibendes Verzeichnis mit einem Index aller in Kafkas Schriften erwähnten Bücher, Zeitschriften und Zeitschriftenbeitrage; zusamengestellt unter Mitarbeit von Michael Antreter, Waltraud John und Jon Shepherd* (Frankfurt am Main, 1991)

5. 卡夫卡的生活和时代

Adler, Jeremy, *Franz Kafka* (London and New York, 2001)

Anderson, Mark, *Kafka's Clothes: Ornament and Aestheticism in the Habsburg Fin de Siècle* (Oxford, 1992)

Anderson, Mark, ed., *Reading Kafka: Prague , Politics, and the Fin de Siècle* (New York:1989)

Bezzel, Christoph, *Kafka–Chronik: [Daten zu Leben u. Werk]* (Munich and Vienna, 1975)

Binder, Hartmut, *Franz Kafka: Leben und Personlichkeit* (Stuttgart, [1983])

——, *Kafka, ein Leben in Prag* (Munich, 1982)

Bergman, Schumel Hugo, *Tagebücher und Briefe*, ed. Miriam Sambursky, 2 vols (Frankfurt am Mairn, 1985)

Bloom, Harold, *The Strong Light of the Canonical: Kafka, Freud and Scholem as Revisionists of Jewish Culture and Thought* (New York, 1987)

Boa, Elizabeth, *Kafka: Gender, Class and Race in the Letters and Fictions* (Oxford, 1996)

Brenner, David, 'Uncovering the Father: Kafka, Judaism, and Homoeroticism,' in *Kafka, Zionism, and Beyond*, ed. Mark Gelber (*Tübingen, 2004*), pp. 207–18

Brod, Max, *Franz Kafka, A Biography*, 2nd edn, trans. G. Humphreys Roberts and Richard Winston (New York, [1960])

Brod, Max, and Hans-Joachim Schoeps, *Im Streit um Kafka und das Judentum: Max Brod Hans-Joachim Schoeps Briefwechsel* (Königstein im Taunus, 1985)

Buber-Neumann, Margarete, *Mistress to Kafka: The Life and Death of Milena* (London: 1966)

Camp, Hélène van, *En deuil de Franz Kafka* (Paris, 1966)

Canetti, Elias, *Kafka's Other Trial: The Letters to Felice* (New York, 1974)

Cerna, Jana, *Kafka's Milena* (London, 1988)

Citati, Pietro, *Kafka*, trans. Raymond Rosenthal (London, 1990)

Coots, Steve, Kafka (London, 2002)

Demetz, Peter, *The Air Show at Brescia, 1909* (New York, 2002)

Diamant, Kathi, *Kafka's Last Love: The Mystery of Dora Diamant* (New York, 2003)

Eichenhofer, Eberhard, *Franz Kafka und die Sozialversicherung* (Stuttgart, 1997)

Fertig, Ludwig, *Abends auf den Helikon: Dichter und ihre Berufe von Lessing bis Kafka* (Darmstadt, 1996)

Gilman, Sander L., 'A View of Kafka's Treatment of Actuality in *Die Verwandlung*', *Germanic Notes*, 2 (1971), pp. 26–30

——, 'Kafka Wept', *Modernism/Modernity*, 1 (1994), pp. 17–37

——, 'Dreyfusens Körper-Kafkas Angst', in *Dreyfus und die Fulgen,* ed. Julisus H. Schoeps and Hermann Siomn (Berlin, 1995), pp. 212–233

——, 'Damaged Men: Thoughts on Kafka's Body', in *Constructing Masculinity*, ed. Maurice Berger, Brian Wallis and Simon Watson (New York, 1995), pp. 176–192

——, *Franz Kafka: The Jewish Patient* (New York, 1995)

——,'Kafka's"Papa"', in *Paternity and Fatherhood*, ed. Lieve Spaas (London, 1998), pp. 175–185

——,'Zeugenschaft und jüdische Männlichkeit,' in *Einstein Forum: Jahrbuch-Zeugnis und Zeugenschaft,* 1 (1999), pp. 157–179

——,'A Dream of Jewishness Denied:Kafka's Tumor and 'Ein Landarzt', in *A Companion to the Works of Franz Kafka*, ed. James Rolleston (Rochester, NY, 2002), pp. 263–80.

Greenberg, Valerie D., *Transgressive Readings: The Texts of Franz Kafka and Max Planck* (Ann Arbor, 1990)

Grözinger, Karl Erich, Stéphane Mosès and Hans Dieter Zimmermann, eds, *Kafka und das Judentum* (Frankfurt am Main, 1987)

Grözinger, Karl Erich, *Kafka and Kabbalah*, trans. Susan Hecker Ray (New York, 1994)

Gruša, Jiří, *Franz Kafka of Prague*, trans. Eric Mosbacher (London, 1983)

Hackermüller, Rotraut, *Das Leben, das mich stört:eine Dokumentation zu Kafkas letzten Jahren 1917–1924* (Vienna, 1984, repr. Munich, 1990)

Hayman, Ronald, *Kafka: A Biography* (New York, 1982)

Henisch, Peter, *Vom Wunsch, Indianer zu warden: wie Franz Kafka Karl May traf und trotzdem nicht in Amerika landete* (Salzburg, 1994)

Hockaday, Mary, *Kafka, Love and Courage: The Life of Milena Jesenska* (London, 1995)

Hoffman, N. Y., 'Franz Kafka-His Father's Son: A Study in Literary Sexuality', *Journal of the American Medical Association*, CCXXIX (1974), pp. 1623–1626

Janouch, Gustav, *Gespräche mit Kafka: Aufzeichnungen und Erinnerungen* (Frankfurt am Main, 1981)

——,*Conversations with Kafka*, trans. Goronwy Rees, 2nd edn (New York, [1971])

Jofen, Jean, *The Jewish Mystic in Kafka* (New York, 1987)

Karl, Frederick Robert, *Franz Kafka, Representative Man* (New York, 1991)

Kafka, Franz, *Briefe an die Eltern aus den Jahren 1922–1924* (Prague, 1990)

Koch, Hans-Gerd, ed., *'Als Kafka mir entgegenkam...': Erinnerungen an Franz Kafka* (Berlin, 1995)

Kurz, Gerhard, ed., *Der Junge Kafka* (Frankfurt am Main, 1984)

Lensing, Leo A., 'Franz would be with us here: The Posthumous Papers of Robert Klopstock', *Times Literary Supplement* (28 Feb 2003), pp. 13–15.

Loeb, Sara, *Franz Kafka: A Question of Jewish Identity: Two Perspectives,* trans. Sondra Silverston and Chaya Naor (Lanham, MD, 2001)

Mailloux, Peter Alden, *A Hesitation before Birth: The Life of Franz Kafka* (Newark, DE, 1989)

Mairowitz, David Zane, *Introducing Kafka*, illus. Robert Crumb, ed. Richard Appignanesi (Duxford, 2000)

Müller-Seidel, Walter, *Die Deportation des Menschen: Kafkas Erzählung 'In der Strafkolonie' im europäischen Kontext* (Stuttart, 1986)

Murray, Nicholas, *Kafka* (London, 2004)

Nabokov, Vladimir, *Lectures on Literature*, ed. Fredson Bowers (London, 1983)

Neesen, Peter, *Vom Louvrezirkel zum Prozess: Franz Kafka und die Psychologie Franz Bretanos* (Göppingen, 1972)

Northey, Anthony, *Kafkas Mischpoche* (Berlin, 1988)

——, *Kafka's Relatives: Their Lives and his Writing* (New Haven, CT, 1991)

Pappenheim, Bertha [Anna O.], *Literarische and Publizistische Texts*, ed. Lena Kugler and Albrecht Koschorke (Vienna, 2002)

Pawel, Ernst, *The Nightmare of Reason: A Life of Franz Kafka* (New York, 1984)

Politzer, Heinz, *Franz Kafka: Parable and Paradox*, rev. edn (Ithaca, NY, 1966)

Robert, Marthe, *As Lonely as Franz Kafka*, trans. Ralph Manheim (New York, 1986)

Robertson, Ritchie, *Kafka: Judaism, Politics, and Literature* (Oxford, 1985)

Robin, Régine; *Kafka* (Paris, 1989)

Salfellner, Harald, *Franz Kafka und Prag* (Prague, 1998)

Sharp, Daryl, *The Secret Raven: Conflict and Transformation in the Life of Franz Kafka* (Toronto, 1980)

Sokel, Walter H., *The Myth of Power and the Self: Essays on Franz Kafka* (Detroit,

2002)

Spector, Scott, *Prague Territories: National Conflict and Cultural Innovation in Franz Kafka's fin de siècle* (Berkeley, CA, 2000)

Stach, Reiner, *Kafka: Die Jahre der Entscheidungen* (Frankfurt, 2002); review by Sander L. Gilman in Literaturen (Jan 2003), pp. 12–20.

Stölzl, Christoph, *Kafkas böses Bohmen: zur Sozialgeschichte eines Prager Juden* (Franfurt am Main, 1989)

Sudaka-Benazeraf, Jacqueline, *Le regard de Franz Kafka: dessins d'un écrivain* (Paris, 2001)

Unseld, Joachim, *Franz Kafka, ein Schriftstellerleben: die Geschichte seiner Veröffentlichungen mit einer Bibliographie sämtlicher Drucke und Ausgaben der Dichtungen Franz Kafka, 1908–1924* (Munich, 1982)

Wagenbach, Klaus, *Franz Kafka in Selbstzeugnissen und Bilddokumenten* (Reinbek bei Hamburg, 1964)

——, *Franz Kafka: Eine Biographie seiner Jugend* (Bern, 1958)

——, *Kafka*, trans. Ewald Osers (Cambridge, MA, 2003)

Wagnerova, Alena K., *Milena Jesenska: Biographie* (Mannheim, 1994)

Werckmeister, Otto Karl, *Icons of the Left: Benjamin and Eisenstein, Picasso and Kafka after the Fall of Communism* (Chicago, 1999)

Wetscherek, Hugo, ed., *Kafkas letzter Freund: der Nachlass Robert Klopstock (1899–1972), mit kommentiereter Erstveröffentlichung von 38 teils ungedruckten Briefen Franz Kafkas* (Vienna, 2003)

Wood, Michael, *Franz Kafka* (Tavistock, 2003)

Zilcosky, John, *Kafka's Travels: Exoticism, Colonialism, and the Traffic of Writing* (New York, 2003)

Zischler, Hanns, *Kafka Goes to the Movies*, trans. Susan H. Gillespie (Chicago, 2003)

6. 电影与影评

[*The Trail*]: *Der Prozeß* (Austria: dir. Georg Wilhelm Pabst, 1948), with Max Brod as the Judensprecher

['A Report for an Academy']: *Ein Bericht für Akademie* (West Germany: dir. Willi Schmidt for the Berliner Akademie der Künste, 1963), with Klaus Kammer as Rotpeter

[*The Trail*]: *Le procès* (France/Germany/Italy: dir. Orson Welles, 1963), with Anthony Perkins as Joseph K

['The Warden of the Tomb']: *De Grafbewaker* (Netherlands: dir. Harry Kümel,1965), with Josée Bernaus; Jef Demedts; Werner Kopers; Julien Schoenaerts, Frans Vandenbrande, Theo Op de Beeck

[*The Castle*]: *Das Schloß* (West Germany: dir. Rudolf Noelte, 1968), with Maximilian Schell as 'K'

['The Metamorphosis']: *Metamorphosis* (Czechoslovakia: dir. Jan Němec, 1975) shot from the perspective of Gregor Samsa, no actors

['The Metamorphosis']: *Förvandlingen* (Sweden: dir. Ivo Dvořák, 1976), with Peter Schildt as Gregor Samsa

['A Fratricide']: *Bratrovrazda* (Czechoslovakia: dir. Miroslav Janek, 1977)

The Metamorphosis of Mr. Samsa (Canada: dir. Caroline Leaf, 1977) [animated short]

[*Amerika*]: *Klassenverhältnisse* (France/West Germany: dir. Jean-Marie Straub and Danièle Huillet, 1984), with Christian Heinisch as Karl Rossmann

[*The Castle*]: *Linna* (Finnish: dir. Jaakko Pakkasvirta, 1986) with Carl-Kristian Rundman as The Surveyor

Metamorphosis (UK: dir. Jim Goddard, screenplay Steven Berkoff, 1987), with Tim Roth as Gregor Samsa and Steven Berkoff as Mr Samsa [TV film of Berkoff's 1981 play]

Los Amores de Kafka (Argentina: dir. Beda Docampo Feijóo, 1988), with Jorge Marrale as Franz Kafka

Vladimir Nabokov on Kafka: Understanding 'The Metamorphosis' (UK: dir. Peter Medak, 1990), with Christopher Plummer as Nabokov

Kafka (UK: dir. Steven Soderbergh, 1991), with Jeremy Irons as Kafka

The Trial (UK: dir. David Hugh Jones, screenplay Harold Pinter, 1993), with Kyle

MacLachlan as Josef K. and Anthony Hopkins as The Priest

Franz Kafka's It's a Wonderful Life (UK: dir. and screenplay Peter Capaldi, 1993), with Richard E. Grant as Franz Kafka and Crispin Letts as Gregor Samsa

['Josephine, the Singer']: *Spivachka Zhosefina i myshachyj narod* (Ukraine: dir. Sergei Maslobojshchikov, 1994)

Amerika (Czechoslovakia: dir. Vladimír Michálek, 1994), with Martin Dejadar as Karel Rossman

[*The Castle*]: *Zamok* (Russia:dir. Aleksei Balabanov, 1994), with Nikolai Stotsky as the Land Surveyor

[*The Castle*]: *Das Schloß* (Austra/Germany: dir. Michael Haneke, 1997), with Ulrich Mühe as K. [TV film]

The Sickroom (Canada: dir. Serge Marcotte, 1998)

K. af. Ka Fragment (Germany: dir. Christian Frosch, 2001) with Lars Rudolf as Kafka and Ursula Ofner as Felice Bauer (TV).

Kafka va au cinéma (France/Germany: dir. Hanns Zischler, 2002) [TV documentary based on his book of the same name]

影评

Adams, Jeffrey,'Orson Welles's *The Trail: film noir* and the Kafkaesque', *College Literature*, 29(2002), pp. 140–157

Marks, Louis, 'Producing *The Trial*: a Personal Memoir', in *The Films of Harold Pinter*, ed. Steven H. Gale (Albany, NY, 2001), pp. 109–121

Peucker, Brigitte, 'Kubrick and Kafka: the Corporeal Uncanny', *Modernism/Modernity*, VIII (2001), pp. 663–674